KB164310

친절한 ▶
성 기자의
유튜브
재테크

친절한  성 기자의 유튜브 재테크

재미있다
×
돈이 된다
×
업이 된다

성선화 지음

한국경제신문

prologue

또 다른 인생을
꿈꾸는 이들에게

나조차도 예상치 못한 일이었다.
편집국을 떠나 디지털미디어센터(DMC) 내 신채널구축팀으로
'지원'을 해서 오게 될 줄은.

기자라는 명함을 똬~악 파고 다니려면
적어도 편집국 내 주요 부서에 있어야 한다는 게
처음 기자가 됐을 때 나의 생각이었다.
거듭된 언론고시 낙방에 이를 바득바득 갈다
기자가 된 초짜 시절의 친절한 성 기자라면
상상도 할 수 없는 일이다.

첫 책인《빌딩부자들》이후
비편집국인 기획실로 좌천될 때도
기자로서의 꿈이 알알이 박혀 있던

편집국을 떠나고 싶진 않았다.

불과 올 초까지만 해도

그동안 부동산, 금융, 증권 등

시장 파트를 주로 취재했기 때문에

정부 사이드 취재를 해보고 싶다는 생각을 했다.

실제로 고마운 선배의 제안으로 그럴 기회도 있었다.

하

지

만

지난 6월 말 인사이동 직전

나는 새로운 도전을 결심했다.

회사와 나의 접점을 찾아

몇 년 전까지만 해도

'제도권'과 '비제도권'이라는 말을 즐겨 썼다.

제도권은

번듯한 직장에 소속돼 조직생활을 하는 사람이고

비제도권은

사회의 짜여진 틀에 얽매이지 않는 프리랜서,

전업 투자자 등이다.

내겐
비제도권의 프리랜서가 주는 자유보다는
제도권의 번듯한 직장이 주는 명예가
더 소중한 가치였다.
사실 지금도 그렇다.

하지만 달라진 점이 있다면
나의 경쟁력과 회사의 이익에 대해
뼛속 깊이 고민했다는 것이다.

내가 조직 내에서 잘할 수 있는 일을 하면서
회사에도 기여할 수 있는 일이 무엇일까를
심각하게 고민했다.

'성선화'라는 브랜드와 회사의 이익이 일치하는
접점을 찾는 것!

사모펀드 업계 용어로는
이해관계의 일치(interest alignment)라고 할 수 있다.
이는 1960년 미국의 초기 사모펀드들이
기업 경영권을 인수해
직원들이 효율적으로 일할 수 있는 방법을
고민하다 탄생한 개념이다.

친절한 성 기자의 유튜브 재테크

직원들의 이익과 회사의 이익이 정확히 일치할 때
조직 구성원들은
회사 일을 내 일처럼 여기고
최선을 다한다.

이해관계의 일치만큼
동기를 부여하는
합리적 방법이 또 있을까?

조금 비껴간 얘기지만
최근 연예인 부부들의 이혼 소식이 자주 들린다.
다들 잘나가는 톱스타들이다.
이들을 보면 남녀 간 감정의 유효기간이
길지 않음을 새삼 절감하게 된다.

안타깝게도 영원한 감정이란 없다.
시시각각 변하는 게 사람 마음이다.
그래서 부부간에도 이해관계의 일치가 중요하다.
'6개월에 천만 원 만들기' 멤버 가운데
5개월 만에 목표를 달성한 길옥 씨가 있다.
우리 멤버들은 늘 그를 보며 대단하다고 칭찬하지만
내가 볼 땐 남편을 잘 만난 덕도 크다.

돈 잘 버는 남편을 만났다는 얘기가 아니다.

그의 남편은 늘 자기계발을 독려하고 지지하며 응원한다!

무엇보다 6개월에 천만 원을 만들겠다는

공동의·목표가 있었다.

그들의 이해관계는 정확히 일치하는 것이다.

우리는 왜 회사를 그만두고 싶어 할까

신채널구축팀에서 내가 하는 일은

젊은 층을 타깃으로 한

스냅타임 기사와 영상을 만드는 것이다.

(신생 브랜드인 스냅타임의 인지도는 아직까지 높지 않다)

이곳에서 내가 해야 할 일은 스냅타임의 인지도를 높이고

영상 부문을 강화하는 것이다.

(앞으로 스냅타임 얘기 많이 언급 예정)

젊은 층을 주대상으로 하기 때문에

20대 인턴 기자들과 함께 일한다.

그동안 만날 40대 실무자급 이상 고위직만 만나다가

20대 초중반 인턴들을 만나니

90년대 생들은 정~말 다르구나!

라는 생각을 많이 한다.

그중에서도 가장 다른 점은
회사에 대한 관점이다.
아침 일찍 출근해서 저녁 늦게 퇴근하는
워커홀릭 커리어우먼은
더 이상 그들의 롤모델이 아니다.

90년대 생들의
꿈은
퇴사다!
그들이 퇴사를 꿈꾸는 이유는

회사의 이득=내 이익

이 아님을 너무나 잘 알고 있기 때문이다.

70년대 초반 생들만 해도 국민교육헌장이란 걸 외웠다고 한다.
"우리는 민족 중흥의 역사적 사명을 띠고 이 땅에 태어났다."
이들은 회사의 이익과 나의 이익이
조금 불일치해도
그냥저냥 참고 일했다.
하지만 요즘 애들은 다르다.
인생의 최우선 가치를 유희에 두는 이들은
회사의 이익을 위해 내 이익을 희생할 이유가 1도 없다.

이전 세대가
회사를 위해 목숨 바쳐 일해 얻은 결과가
배신과 허무였음을
똑똑한 90년대 생들은 눈치 빠르게 선행학습했고,
현재 진행형인 70년대 생들은
우물 안에서 서서히 죽어가는 개구리이기에
현실을 직시하지 못할 뿐이다.

우리는 모두 또 다른 인생을 꿈꾼다

대부분 직장에서
노사의 이해관계가 정확히 일치하기란 쉽지 않다.
회사를 위해 부품처럼 일하고도
직장인들은 결국 팽 당하고 만다.
이는 지위 고하를 막론한다.

많은 직장인들이 정서적 불안감을 느끼는 이유는
회사를 다니고 있긴 한데
내 것이 없기 때문이다.
'내 것'이란

내 가치＝내 브랜드

라고 할 수 있다.

친절한 성 기자의 유튜브 재테크

재테크 전문 기자를 하면서 가장 답답했던 게
몸값 재테크에 대한 구체적인 솔루션을 줄 수 없었던 점이다.

"가장 확실한 재테크는 몸값을 높이는 것입니다!"

라고 말은 하지만 (심지어 대학교 입학식 때도 이 말을 들었던 것 같다)

구체적으로 "어떻게?"라고 물어오면
너무나 개별적인 코칭이 답이었다.
하지만 지금은 다르다.
아주 자신 있게 말할 수 있다.

"1인 방송을 하세요!!!"

미디어만큼
개인 브랜드를 만들기에 적합한 방법도 없다.
예전에는 미디어의 진입장벽이 철옹성처럼 높았다.
하지만 지금은 바야흐로 1인 미디어 시대다.

감히 단언컨대 앞으로의 몸값 재테크는
1인 방송(지금은 유튜브)을
'하느냐 하지 않느냐'에 따라
달라질 것이다!

95억 원짜리 빌딩을 산 보람튜브나
연봉 수십억 원의 스타 유튜버가
되라는 소리가 아니다.

유튜브를
개인 브랜드 가치를 높이는 수단으로
적극 활용하라는 의미다.
브랜드 가치는 구독자 수, 조회 수와 비례하지 않는다.

유튜브에서 인기가 있으려면
콘텐츠의 수준을 낮추고 때론 자극적인 어그로도 필요하다.
하지만 이는 개인 브랜드 구축에는 도움이 되진 않는다.
유튜브를 시작할 때는
아주 소소하고 가볍게
인생의 플랜 B를 준비한다!
는 마음가짐 정도면 충분하다.
많은 직장인의 고민이
'앞으로 백 살까지 살아야 되는데 은퇴하고 뭐 하지?'이다.
지금부터 1인 방송(유튜브)을 통해
차근차근 준비해나가면 된다.

우리에게 또 다른 인생이란
학창 시절 못 다 이룬 꿈일 수도 있고

새로운 분야에서 새 삶을 시작하는 것일 수도 있다.
겉으로 보여지는 화려함을 걷어내고
1인 방송의 본질에 충실하면
의외로 접근이 쉬워질 것이다!

회사는 다니지만
일은 하고 있지만
왠지 불안한가?

1인 방송으로
또 다른 인생을 꿈꿔보라!

▶ 1장　　　　**당신의 모습을 방송하세요!**

▶ 2장 　　　　　　　　**당신의 채널을 떡상시키세요!**

▶ 3장   **당신의 몸값을 높일 채널을 찾으세요!**

회사는 다니지만
일은 하고 있지만
왠지 불안한가?

1인 미디어 시대,
1인 방송으로
또 다른 인생을 꿈꿔보자

내 브랜드를 만드는 것만큼
확실한 재테크도 없다

소소하고 가볍게 시작하되
꾸준히 콘텐츠를 쌓아가다 보면
내게도 눈 뜨면 스타가 되는 날이
언. 젠. 간. 찾아올 것이다!

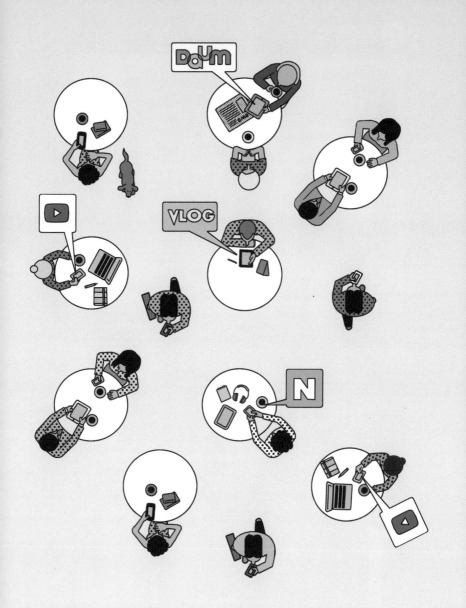

스타 유튜버들의 공통점은 무엇일까?
그것은 바로
관. 심. 종. 자. 다.
앞으로 대박을 칠 유튜버의 자질을 하나만 꼽으라면
나는 망설임 없이 말한다.

"관종입니다!"

타인의 관심을 받기 위해
자신만의 매력을 발산하는
관종들이 억수로 돈을 버는 시대가 왔다.
유. 튜. 브. 가 그것을 가능케 한다.

 9350602

1

당신의 모습을 방송하세요!

유튜브 시장이
포화 상태라고들 하지만
그렇지 않다.
유튜브 경쟁의 시작은
지금부터다!

관종이 돈 버는 시대가 왔다
★ '구독'과 '좋아요'를 부르는 매력

관종의 시대가 왔다.

관종이란

어떻게든 관심을 받고 싶어 하는 '관심 종자'를 뜻한다.

그동안 관종이라는 말은

부정적 의미가 강했다.

누군가 도를 벗어나고 상식에서 벗어난 특이한 행동을 할 때

우리는 그를 비하하며 말한다.

너 관종이냐?

관심받고 싶어 안달 난 사람들⋯⋯.

때로는 연민의 눈빛으로, 때로는 하대의 태도로
관종을 대해왔다.
하지만 이제는 관종의 시대다.
유명 유튜버들을 관통하는 공통점이 바로
관종이다.
대박을 칠 수 있는 유튜버의 자질 또한
관종이다.

경제적 관점에서 말하면, 이제는
관종이 돈을 버는 시대다.

관종들은 관심을 받기 위해
끊임없이 자신만의 매력을 탐구하고
이를 발산하려고 노력한다!!!
('유튜브계의 유재석' 장성규 씨의 별명은 선을 넘는 남자 '선넘규'다)

관종이 주목받는 지금은
매력 자본의 시대다.

2013년에 출간된 책《매력 자본》에서
저자 캐서린 하킴은
매력 자본을 경제 자본, 문화 자본, 사회 자본에 이어
제4의 자산으로 규정했다.

친절한 성 기자의 유튜브 재테크

매력 자본은
아름다운 외모, 성적 매력, 옷 잘 입는 능력, 사회적 기술,
인간적인 매력, 활력 등을 아우른다.

관종들의 매력이
자본주의 시장의 핵심 자산으로 급부상한 것이다.

그렇다면 유튜버들이 생각하는
매력이란 무엇일까.

그것은, 한 번만 봐도
'구독'과 '좋아요'를 누르게 하는 힘이다. 👍

(후랭이TV 김종후 씨 인터뷰 때 들은 말!! 뇌리에 꽂힘)

유튜버의 매력이 돈이 되는
가장 큰 이유는 경제 패러다임이 바뀌어서다.

이제는 공유경제를 넘어선
구독경제 시대다.

구독경제란
회원 가입을 통해 일정액을 지불하고
정기적으로 서비스를 이용하는 경제 모델이다.

구독경제의 시대엔

구독자 수가 수익과 직결된다.

구독은 미래를 내다보는 수익 모델이다.

2011년 유료 구독 서비스로 전환한 〈뉴욕타임스〉는

최근 창간 이래 처음으로 구독료가 광고 수익을 넘어섰다.

인터넷경제에서 디지털 광고가 그랬듯이

모바일 산업에서는 유료 구독 서비스가 중요하다.

이 같은 정액제 서비스가 우세한 모델이 되면서

유튜브도 광고 없는 '유튜브 레드' 서비스를 출시해

큰 호응을 얻고 있다.

로이터통신에 따르면 미국 18~24세 젊은이들이

인터넷 뉴스 구독료를 내는 비율이

2016년에는 4%였는데 2017년에는 18%로 급증했다.

(《구독과 좋아요의 경제학》에 나오는 팩트)

어쩌면 과거 소유경제 시대의 이데올로기와 가치는

'개나 줘버려야' 하는 꼰대들의 이야기일지 모른다.

시대에 따라, 경제 시스템에 따라

유능한 인재상도 변해간다.

2차 산업 시대엔 공장 노동자가

3차 산업 시대엔 지식 노동자가 각광받았다.

4차 산업혁명 시대인 지금,
인재는 과연 누구인가?

그는 바로 관종이다.
혹시 관종이신가요?

"당신이 바로
콘텐츠 산업을 이끌어갈 주역이자
구독경제 시대에 돈을 벌 수 있는
경쟁력 있는 인재입니다."

시대에 따라, 경제 시스템에 따라
유능한 인재상도 변해간다.
2차 산업 시대엔 공장 노동자가
3차 산업 시대엔 지식 노동자가 각광받았다.
4차 산업혁명 시대인 지금,
인재는 과연 누구인가?

그는 바로 관종이다.
혹시 관종이신가요?

양팡과 유튜버 스타 시대
★ 비주류의 주류화

지난 8월 유튜버이자 아프리카TV BJ인 양팡이 실검에 올랐다.
3천만 원의 별풍선을 쏜 45세 남성 팬이
투신자살 소동을 벌인 것이다.
내가 이 뉴스에서 주목한 포인트는 두 가지다.

하나. 별풍선 3천만 원
둘. 45세 남성

먼저 별풍선 3천만 원은 대한민국 직장인의 평균 연봉쯤 된다.
45세 팬의 연봉은 알 수 없지만
결코 적은 돈은 아니다.

하지만 양팡에게 3천만 원은?
정확한 수입은 알 수 없다. 하지만 짐작은 할 수 있다.

구독자 200만 명에

최신 영상 조회 수가 100만 뷰를 넘는다면

한 달에 최소 1억 5천만 원 정도로 추정된다.

유튜브 수익은 넘나 복잡. 구독자가 아니라 조회 수에 상응.

100만 구독자에 10만 뷰 정도면 월 5천~6천만 원이다.

1년이면 60억 원 정도다.

(개인차가 심해 특정하기는 어려움)

3천만 원이 적은 돈은 아니지만

연봉 약 18억 원으로 추정되는

양팡의 수입에 비하면 크지 않다.

둘째, 투신자살 소동을 벌인 남성의 나이다.

45세라고 한다.

양팡은 97년생 23세다.

그동안 양팡의 인기를 보며

역시 유튜브는 1020대 애들이 많이 본다고 생각했다.

그런데

45세 아재 팬이라뉘‥??

구독자 200만 유튜버의 인기를 실감케 한다.

미디어계의 왝더독, 비주류의 주류화

양팡 뉴스를 보면서
그야말로 유튜버 스타 시대
라는 생각이 들었다.
제아무리 인기 있는 연예인도
팬이 자살소동을 벌였다는 얘기는 들어보질 못했다.
45세 팬의 자살소동은 안타깝지만
양팡은 한류 스타들의 사생 팬을 뛰어넘는다.

비주류의 주류화

미디어계의 왝더독(꼬리가 몸통을 흔든다) 현상이다.

나는
양팡의 안티도 아니고 팬도 아니다. 다만
사람들이
왜 양팡을 좋아할까를 계속 분석했다.

양팡의 인기가 이해되지 않았던 부분은
첫째, '전형적인' 미인이 아니라는 점.
(전형적이지 않다는 거지 예쁘지 않다는 건 아님. 괜한 오해 금지)
아프리카TV BJ들은 미인이 많은데 양팡은 별명이 심지어

'오랑이'다.
오랑우탄 같은 표정을 잘 짓고
오랑우탄 같은 행동을 잘한다고.

둘째, 콘텐츠가 없다는 점.
얼마 전에 본 정말 신기한 영상은
하루 종일 집에서 로봇 청소기와 장난치는 것이었다.
한 마디로 일상이 그냥 콘텐츠다.
(인기 유튜버들은 일상이 콘텐츠임)

인기 있는 이유를 심각하게 고민했던 또 다른 유튜버는
구도 쉘리다.
유튜브에서 며칠째 그의 영상을 추천했지만
클릭하지 않았다.
(내 기준에선 클릭을 부르는 영상이 아니었다ㅠㅠ)
하지만 워낙 인기라고 해서
그의 떡상 영상 '핵불닭볶음면'을 봤다.
(떡상은 갑자기 떴다는 의미)
핵불닭볶음면 4개를 프라이팬에 처넣고,
10분 만에 먹.어.삼.켰.다.

나의 반응은 '도대체 이게 뭐지?'였다.
지금 급하게 일하러 가야 하는데, 그래서 시간이 없는데…….

툭툭 내뱉는 듯한 말투는 상당히 거슬렸고
무엇보다 까만 수영복 같은 의상에 핵충격을 받았다.
심지어 후속 영상 제목은
'제 패션은 무죄예요. 아시겠어요?'
아마도 그의 패션이 망측스럽다고
나처럼 생각한 사람들의 댓글이 있었던 것 같다.

최근엔 그를 패러디한 개그맨 권혁수 씨와
랜선 만남을 갖기도 했다.
심지어 권 씨가 구도 쉘리의 팬이다!!

아. 시. 겠. 어. 요?

그가 자주 하는 말은 유행어가 됐다.

아래로부터의 계층 혁명

다양한 유튜버들을 인터뷰하면서
비주류의 주류화를 넘어서는
아래로부터의 계층혁명을 감지한다.

얼마 전 소득 양극화가 더 심해졌다는 기사가 났다.
우리 사회의 고질적인 양극화 문제를 지적하는

기사를 접할 때면 늘 이런 생각을 한다.

과연 해결책은 무엇인가?
교육 제도를 통해서?
최저 임금 인상을 통해서?

그저 헛웃음만 나온다.
조국 법무부 장관 딸의 특혜를 보면서
자녀를 둔 학부모들이 느끼는 허탈감이
영혼으로 느껴질 정도다.
(정치색 없음. 최근 이슈라 언급)

그

런

데

조국 딸이 의학전문대학원(의전원)을 졸업해서
의사가 됐다고 치자.
So what? (그래서 뭐?)

다이아몬드 수저 부모 덕에 먹고살 걱정은 없겠지만
그냥 의사다. (의사 비하는 절대 아님)
강남에서 사교육 시키고

수십억 원씩 들여 미국 아이비리그 보내봤자
한국에서 젤 잘나가는 고수익 전문직이 IB맨일 텐데
웬만한 IB 대표보다 양팡이 더 많이 번다.
보람튜브가 95억 원짜리 빌딩을 샀다.

혁명적인 일이다!

물론 이런 현상에는 긍정과 부정이 공존한다.
하지만 주목할 점은
금수저가 아니라도, 다이아몬드 수저가 아니라도
유튜버 시장에선
떡상이 가능하다는 점이다.

가정 형편이 어려웠는데 유튜브가 잘돼서
집안의 빚을 갚았다는 인기 유튜버들을 여럿 만났다.
그 가운데 열렬히 응원하는 유튜버가 두 명 있는데
초딩들의 우상 임다와
10대 여성들의 여신 띠미다.

임다는 유튜브 스타가 되기 전
지방을 전전하던 레크리에이션 강사였고
띠미 역시 집안이 넉넉지 않았다고 한다.
이들은 만났던 유튜버들 가운데 어린 편에 속했지만

경제적으로는 가장이었다.

그래서 이들이 앞으로도 더욱 승승장구하길 응원한다.

유튜브 세상에서
학벌은 중요하지 않다!

집안도 중요치 않다.

유튜브계의 시조새 대도서관도

33만 구독자를 거느린 JM도 고졸이다!!

양팡도 대학 중퇴다.

《빌딩부자들》을 쓸 때

자수성가형 빌딩부자들의 학력을 조사했었다.

50여 명 중 명문대 출신은 거의 없었다.

학벌이 중요한 시대는 지나갔다.

이제는 관종이 돈을 버는 구독경제 시대.

부작용도 없진 않지만

계층을 극복하는 새로운 점프대가 생겼다는 점.

그것 하나만으로 순기능은 충분하다.

소외된 틈새의 부상
★ 트렌스젠더 '노딱' 사건

어느 날 유튜브를 보다가 눈을 의심했다.
트렌스젠더 유튜버 꽃자가
자신의 성전환 수술 과정을 생생히 중계한 것이다.

그는 아프리카TV BJ 출신으로
유튜브 채널 꽃자TV를 운영했었다.
특유의 걸쭉한 입담으로 유튜브 인싸계에 막 진입했는데
성전환 수술을 하러 홀연히 태국으로 떠난 것이다.

영상에는 초조하게 수술을 기다리는 모습,
마침내 수술을 하러 들어가는 극도로 긴장된 모습,
수술을 마치고 나와 고통에 몸부림치는 모습이
여과 없이 고스란히 유튜브 각으로 전해졌다.
나뿐만 아니라 많은 사람들이

시각적 · 정서적 충격을 받았을 것이다.
이 영상의 조회 수가 수십만에 달했던 기억이 난다.

사실 트렌스젠더와 성전환 수술이라는 화제는
낮에 직장인들끼리 하는 양지의 대화가 아니라
밤에 술집이나 어둠의 세계에서
드러내지 않고 하는 숨기고 싶은 얘기들이다.

**하지만 유튜브 세상에선 양지와 음지의 구분이 없다.
지상파와 같은 도덕적 잣대가 적용되지 않는다.**
(물론 유튜브 자체 알고리즘에 따라 지나치게 선정적인 영상에는
경고 표시, 즉 노란 딱지가 붙고 그러면 수익 창출이 안 된다)

그동안 도덕이라는 강력한 규율과 규제로
양지로 나올 수 없었던 음지의 수많은 콘텐츠가
유튜브를 통해 세상의 빛을 보고 있는 것이다.
유튜브 세상에서 사람들이 원하는 콘텐츠는 바로 이런
억눌려 있던 비주류, 틈새들의 이야기다.

최근 들어 국내 유튜브 콘텐츠로 급부상 중인
성형 수술 영상도 같은 맥락이다.
예전엔 성형 수술은 감춰야 할 어두운 과거였다.
거의 모든 연예인이 성형 수술을 하지만

그 누구도 떳떳하게 말하진 않았다.

하지만 유튜브 세상에선 다르다.
성형 수술 직후의 슈렉보다 못생긴 얼굴을 가감 없이 공개한다.
뺨은 터질 듯이 부었고 입술도 팅팅 불어 붕어가 따로 없지만
버젓이 영상을 공개하고 후기를 올린다.
지상파에서 이런 흉측한 영상은 상상도 못할 일이다.
(분명 심의에서 걸리고 제재를 받을 것이다)

유튜브는 그동안 억눌렸던 비주류와 틈새들에게
한 줄기 빛을 허락했다는 점에선 분명히 긍정적이다.

하지만 그 이면엔 어두운 면도 없지 않다.
성전환 수술 성공으로 더 큰 인기를 누렸던
꽃자는 불법 성매매 의혹을 인정하면서
지금은 채널을 폐쇄한 상황이다.
그 외에도 트렌스젠더와의 야한 영상들을
주로 올린 채널들 전체에 노란 딱지(노딱)가 붙어
수익 실현이 불가능해졌다.
(유튜브는 영상을 수익이 창출되는 그린 달러,
수익이 창출되지 않는 블랙 달러와 옐로 달러로 구분한다)

'트젠 노딱' 사건 이후로는 성소수자들의 영상이
더 이상 인기 추천 영상으로 뜨지 않고 있다.

유튜브라는 플랫폼은

누구나 목소리를 낼 수 있는 **표현의 자유**를 가능케 했지만

이를 건전한 토양으로 만드는 것은

유튜버들 자신의 몫인 셈이다.

B급 병맛에 매료된 사람들
★ 충주시 유튜브 인기 비결

조용한 충주시 청사에
2대8 가리마의 충주시장이 나타나 말한다.

"너 유튜브 해, 유튜브."

깜짝 놀란 홍보맨은 시장님께 묻는다.
"네? 제가요?"
시장님의 대답은 단호하다.
"꼭!!"
당황한 홍보맨은 혼잣말로 속삭인다.
"내가 어떻게 유튜브를 해."(심술 남)

'시장님이 시켰어요'로 시작되는 충주시 유튜브는
1회 영상부터 화제를 모았다.

이후 극한 공무원 1탄 '하수처리 시설 먹방'
충주구치소 1탄 '속보) 홍보맨 구속' 등의 영상이
잇달아 떡상을 하면서 5개월 만에 구독자 5만 명을 돌파했다.
댓글 속 구독자들은 말한다.
"내가 왜 충주시 지자체 영상을 구독하고
알람 설정까지 한 거지?"
"의문의 1패. 서울시 유튜브."

전국 20여 개 지자체가 벤치마킹을 위해 충주시를 방문했고
법무부, 문화재청 등 많은 정부기관에서
콜라보 요청이 쇄도하고 있다.
최근의 검찰청 구치소 영상도
법무부에서 먼저 제안해 촬영한 것이다.

과연 충주시 유튜브의 **인기 비결은 무엇일까?**

충주시 홍보맨으로 일약 스타덤에 오른 김선태 주무관은
처음부터 "당연히 잘될 줄 알았다"고 했다.
오히려 예상보다 늦었다는 것이다!
약간 뻔뻔한(?) 그의 캐릭터에 걸맞은 대답이다.
왜 그렇게 생각했냐고 묻자
(이렇게 대답해도 되나 망설이다가)
"다른 지자체들이 너무 못해서요"라고 답했다.

"심지어 조회 수가 두 자릿수인 지자체도 있다니까요."

더 정확히는 충주시 페이스북의 인기에서 얻은 자신감이다.
충주시 페이스북은 B급 병맛 정서의
시정 홍보 포스터로 인기를 끌었다.
이 같은 B급 병맛 정서는 유튜브 전략에도 그대로 적용됐다.
충주시 유튜브는 철저히 B급 저퀄(저퀄리티)이다.

김 주무관의 목표는 뚜렷하다.

지자체 같지 않은 지자체 유튜브! 😃

B급 저퀄 지향성이 따악 맞아떨어진다.

충주시 유튜브의 최우선 순위는 **흥미**다.
시정 홍보를 위한 유튜브지만
그 이전에 채널 자체가 인기가 있어야 한다는 게
그의 신념이다.
"시정 홍보도 홍보지만 흥미를 끌기 위한 목적이 크죠.
충주시 채널이 알려져야 충주시도 알려지는 거니까요
뻔하고 재미없는 관공서 채널로는
시정 홍보도 잘할 수가 없습니다."
(아무도 안 보는 공자님 말씀이 무슨 소용!!)

그가 영상을 찍기 전

가장 먼저 떠올리는 것은

홍보 콘텐츠가 아니라

웃기는 드립이나 재밌는 장면이다.

거기에 시정 홍보를 짜 맞춘다고 설명했다.

일반적인 지자체와는 영상 제작의 선후관계가

완전히 뒤바뀐 것이다.

무엇을 홍보할까?가 아니라

사람들이 궁금해하고 재밌어하는

드립이 뭘까?를 먼저 생각한다.

심지어 대본도 없이 촬영한다.

(유튜브 만렙 보겸TV와 공통점)

전체적인 큰 흐름은 있지만

나머지 대사들은 대부분 즉흥적인 애드리브다.

법무부와 콜라보를 한 구치소 영상 역시 대본이 없.었.다.

(법무부에서 구치소 영상 콜라보를 제안한 건 정말이지 놀라움)

대신 그의 머릿속엔 첫 장면이 있었다.

갑자기 '은팔찌'를 찬 홍보맨이 검정 차에서 내려

구치소에 수감되는 모습이다.

구속이라는 특정 상황 설정은 했지만

구체적인 콘티는 짜지 않았다.

친절한 성 기자의 유튜브 재테크

그야말로 '**무콘티 무대본**'이다. 📖

무콘티 무대본이 주는 매력은 '**날것 그대로의 진정성**'이다
그는 "남들과 다르게 해야 성공할 것 같았다"고 말했다.

"대부분 좋은 것만 보여주려 하잖아요?
우리는 그러지 말자는 거죠. 아닌 건 아니다, 힘들면 힘들다고
있는 그대로 보여주자는 거죠!"

첫 영상의 인기도
의외성이라는 매력에서 왔다.
그 어떤 공무원도 감히 "시켜서 시작했다"고
대놓고 말하진 못한다.
(실제로 당연히 그렇겠지만!!)
사람들이 이 영상을 꿀잼이라고 느끼는 건
처음부터 예상치 못한 멘트에 빵 터지기 때문이다.

충주시 문화상품권 홍보 영상에서도
홍보맨은 상품권을 받자마자 환전부터 시도한다.
일반적인 홍보라면 당.연.히. 좋다는 얘기부터 해야 하는데
받자마자 팔려고 시도를 하다니!! 👍
이 또한 예상치 못한 반전이다.

《유튜브 컬처》의 케빈 알로카는 말했다.
"사람들은 놀라운 것들에 끌리게 마련이다.
예기치 않게 만든 창의적인 작품에서 즐거움을 느낀다."
무엇보다 사람들은 놀라움을 느낀 영상을 공유하고
그 영상을 보면서 느낀
인지적 부담감을 본능적으로 줄이려 한다는 것이다.

실제로 나 역시 홍보맨의 구치소 구속 영상을
단톡방에 공유했다.

"오또캐 공무원이 구치소 영상을 찍을 수가 있지?"
"대애박!"
영상을 공유하며 한 줄 감상평도 잊지 않았다.
해당 영상을 보고 받은 인지적 충격을 줄이기 위한 노력이다.

인기 동영상의 척도는 조회 수도 있지만
공유 횟수도 중요하다.
케빈 알로카는 '떡상 영상의 조건'으로
많이 공유되는 영상을 꼽았다.

그동안 TV에선 볼 수 없었던,
주변에서 접하지 못했던,
그런 신박한 영상을 볼 때

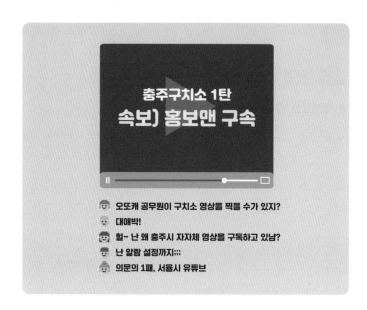

사람들은 강렬한 공유 충동을 느끼는 것이다.

이 영상 진짜 병맛이야!
혼자 볼 순 없지!!
공유하자!!!

이 반응이 바로
충주시 유튜브가 노리는 숨은 전략이다.

유튜브의 수익 비결
★ 브랜드 만들면 돈은 저절로

크리에이터를 하나의 직업군으로 탄생시킨 유튜브 혁명은

광고 수익 공유에서 비롯됐다.

그 전까진 크리에이터의 유명세가 수입과 직결되진 않았다.

(유튜브 초창기만 해도 지금 같은 비율은 아니었다)

유튜브가 크리에이터들에게 광고 수익을 배분하면서

돈을 벌려는 이들이 부나방처럼 몰려들었다.

그래서 요즘은 초등학생들도

유튜브해서 돈 벌 거라고 큰소리를 뻥뻥 친다고 한다.

유튜브를 처음 시작하는 사람들이

가장 궁금해하는 것이 수익 부분이다.

유튜브를 하면

진짜 돈을 잘 버느냐, 얼마를 버냐는 것이다.

그래서 한동안 이런 호기심을 충족시켜주는

유튜버 수익 공개가 유행했다.

구독자 220만 명의 뷰티 유튜버 이사배가
한 달에 5천만 원 이상 번다고 고백을 했고
한 달 광고 수익만 19억 원인
어린이 보람튜브가 100억 원에 가까운 강남 빌딩을 샀다.

이런 억 소리 나는 얘기를 듣고 있노라면
'우왓!! 나도?!'라는 생각을 저절로 하게 된다.
시작도 하기 전에
통장에 달러가 찍히는 즐거운 상상을 한다.
(대부분은 그래서 유튜브를 시작한다)

하. 지. 만.

한 달에 수억 원씩 벌고 빌딩을 사는
유튜버는 그야말로 극소수다.
상위 0.0001% 정도?

유튜버들이 말하는
전업 유튜버의 기준은 최소 구독자 10만 명이다.
영상을 기다리고 업로드 때마다 봐주는 구독자가
적어도 10만 명은 있어야

유튜브 시장에 생계를 걸어볼 만하다는 것이다.

(심지어 뷰티 유튜버들은 적어도 30만 명 이상이라고 말하기도 한다)

그런데 일반인은 잘 모르는
유튜브 수익 구조의 비밀이 있다.
구독자와 수입은 정비례하지 않는다는 것이다.
인터뷰를 하다 보면
지금보다 구독자 수가 적을 때가
오히려 수입이 더 많았다는 유튜버들이 종종 있다.

구독자는 늘었는데, 수익은 되레 줄었다고?

왜 이런 현상이 나타날까.

유튜브 광고 수익은
영상을 얼마나 오래 보느냐, 즉 **시청 시간과 비례**한다.
구독자 수가 적더라도
한 영상이 떡상을 해 조회 수가 급증한다면
이 영상 하나로 큰 수익을 낼 수 있다.

유튜브의 최소 수익 창출 조건은 두 가지다.
1. **구독자 1,000명**
2. **4,000시간 이상 시청**

유튜버들이 말하는 전업 투자의 기준은 최소 구독자 10만 명이다.
영상을 기다리고 업로드 때마다 봐주는 구독자가
적어도 10만 명은 있어야
유튜브로 생계를 걸어볼 만하다는 것이다.
그런데 일반인들은 잘 모르는
유튜브 수익 구조의 비밀이 있다.
구독자와 수입은 정비례하지 않는다는 것이다.

이 기준만 넘으면 수익을 낼 수 있다.
하지만 이 기준만 간신히 넘긴 채널의
수익은 아주 소소한 수준이다.
유튜브 수익 가이드라인을 넘었다고 해서
금방 부자가 될 거라는 꿈에 부풀어 오르면 오산이다.

한 영상으로 10달러를 벌려면
적어도 시청 시간이 20만 시간 이상은 나와줘야 한다.
유튜버들의 얘기를 들어보면
구독자가 3~4만일 때 한 달에 100만 원쯤 벌 수 있다고 한다.
(시청 시간이 적다면 이보다 낮을 수 있음)
한 달에 200~300만 원을 벌려면
구독자가 5만이 넘고 조회 수도 잘 나와야 한다.
우리가 아는 스타 유튜버들은
구독자가 최소 100만 명 이상에
영상 한 편당 조회 수가 평균 10만 뷰 이상이다.
이 정도가 되면 **한 달에 5천만 원이 달러로** 통장에 찍히며
유튜브로 **"돈 좀 번다"**고 말할 수 있다.

유튜브는 구독자가 10만 명을 넘으면 실버 버튼이라는 걸 준다.
채널 이름이 새겨진 실버 버튼에는
"극소수만 달성할 수 있는 기록을 세운 것을 축하한다"는
메시지도 함께 전해진다.

유튜브가 실버 버튼까지 주는 건 그만큼 힘들기 때문이다.

그런데 100만 명이라고?

유튜브 광고 수익으로 돈을 버는 게 결코 쉽지가 않다.

처음 시작할 때는

용돈 벌이를 한다, 매달 치킨 한 마리 값 번다는

정도로 생각하면 마음이 편하다.

(유튜버 편집하는여자는 치킨 값 번다는 가벼운 마음으로 시작했다가
구독자 20만 명을 넘겼다) 👍

하지만 애드센스 광고 수입 외에

다른 소득이 발생한다면 얘기는 달라진다.

구독자가 10만 명이 안 되는데 한 달에 천만 원 이상 번다는

유튜버들이 있다. 이들은 유튜브 외에

1. 교육 2. 강연 3. 광고(협찬)

등 기타 수익이 있는 것이다.

구독자 6만 명의 소사장소피아 SoSoTV의 박혜정 씨는

구독자 4만 명 시절부터 월 수익이 천만 원을 넘었다.

그의 주 수입원은 교육 사업이다.

3개의 정규 교육 과정을 개설 중인데

공지를 올리는 즉시 마감이 된다.

(4장 유튜버 인터뷰에 자세히 소개)

리뷰를 중심으로 하는 뷰티 유튜버들도

조회 수보다는 협찬 등의 수입이 더 큰 경우가 많다.
특히 뷰티 유튜버들의 협찬 영상이 문제가 된 적이 있는데,
최근에는 협찬 영상임을 밝히고 찍는 경우가 대부분이다.

유튜버가 하는 직접 광고는
MCN(다중채널네트워크)를 통하지 않고
바로 들어오기도 한다.
광고 제안은 구독자 수가 많아야만 들어오는 건 아니다.
특정 분야에 확고한 브랜드만 있다면
구독자 수와 무관하게 광고가 들어오기도 한다.

처음 유튜브를 시작하는 이들이라면
기존 대형 유튜버들과 경쟁하는
떡상 영상을 노릴 게 아니라
먼저 나만의 브랜드를 만들고
돈이 따라 들어오게 만드는 전략을 세우는 게 낫다.

선브랜드(브랜드 먼저)

후수입(돈은 저절로)

그래야 스트레스 안 받고 꾸준히 할 수 있다.

한 번 노출에 1억?

★ 억 소리 나는 유튜브 광고

얼마 전 개그우먼 강유미가

'남자랑 살아보니…… 신혼생활의 단점'이라는

영상을 업로드했다.

구독자가 51만 명에 달하는 그는 최근 결혼한 신혼이다.

한창 신혼생활에 햄볶할 그가 올린 영상이기에

구독자들의 호기심을 자극하기에 충분했다.

결혼 전 미리 동거를 시작한 강유미는

신혼생활의 단점 세 가지를 꼽았다.

하나. 내 맘대로 구입할 수 있는 게 엄청 줄어든다.

둘. 빠르게 노출되는 나의 내추럴한 모습.

셋. 생활 패턴의 변화.

이 스토리가 잘 전개되다 갑자기

이게 뭐징?

띵~~~ 하게 만드는 장면이 나왔다.

화장실에 들어간 그가 냄새를 없애기 위해

페브리즈를 뿌리는 것이다. (뭐야! 광고였어?)

그러니까 이 영상은 페브리즈의 협찬을 받아 제작된

광고였던 것이다.

그. 런. 데.

더욱 재미있는 건 구독자들의 반응이다.

"광고 끝까지 보긴 처음이다."

"아 진심 광고인데 보면서 불쾌감이 없어 진짜."

"콘텐츠와 광고의 물아일체 멋져용."

대놓고 한 광고에 오히려 긍정적 평가가 이어졌다.

유튜브 시대로 넘어오면서

광고 시장에도 지각 변동이 일어나고 있다.

과거엔 광고주가 절대적 갑이었다.

돈줄을 쥔 광고주가 광고 모델에게 전적인 권력을 행사했다.

광고주의 돈을 받는 모델은 싫든 좋든

광고주가 해달라는 대로 해줄 수밖에 없었다.

하지만 유튜브 시장에선 **더 이상 광고주가 갑이 아니다.**
돈줄을 쥐고 있다는 점에서는 갑의 위치가 맞지만
예전처럼 광고 내용에 대해 절대적 영향력은 줄고 있다.
오히려 요즘은 반대다.
광고주가 유튜버에게 광고 제안을 하면
유튜버가 구체적인 영상 콘티를 역으로 제안한다.
광고주가 아닌
유튜버가 직접 광고를 만드는 시스템이다.
자기 채널의 강점과 경쟁력은
스스로가 가장 잘 알고 있기 때문이다.

광고 시장이 광고주 중심에서
유튜버 중심으로 패러다임이 바뀌면서
크리에이터와 광고가 혼연일체하는
거부감 없는 광고들이 탄생할 수 있는 것이다.

사실 더 어마어마한 팩트는
억 소리 나는 광고료다.

'시대가 변하고 있다'는 강한 직감은
유튜브 광고 단가를 알게 됐을 때부터 들었다.
오랜만에 기업 오너들과의 저녁식사 자리에 갔다.
그들은 하나같이 이런 말을 했다.

"기존 미디어 광고 시장은 이제 끝났습니다."

의류 업체 대표는
더 이상 기존 방송과 신문에 광고를 하지 않는다고 했다.
대신 인스타그램, 유튜브 등 SNS 광고를 더 선호한다고 했다.

더욱 놀라웠던 사실은

유튜브 영상에 한 번 노출이 되는
가격이 1억 원이라는 것!

헉. 한 번 걸치고 나오는 데 1억!! 👍

더욱 더 귀를 의심할 수밖에 없었던 얘기는
유명 인스타 인플루언서에 광고를 하려면
최소 5억이라고 했다.

그. 야. 말. 로. 깜놀이다.

앞으로 광고 시장에만 의존하는
기존 매체들은 생존의 위협을 느끼는 시기가 올 것이다.
국내 언론들도 해외 언론처럼 발빠르게 구독형 모델로
전환하지 않는 이상 서서히 가라앉게 될 것이다.

특히 최근 광고 수입이 급감하면서
방송사들도 달라지기 시작했다.
과거 유튜브를 경쟁사로 인식하며
철저히 콘텐츠 단속을 했던 이들이
앞다퉈 유튜브 세상으로 뛰어들기 시작한 것이다.

옛날 방송 콘텐츠들을 쏟아내며
조회 수 경쟁에 뛰어든 것이다.
이들은 10년 전 드라마는 물론
20년 전 시트콤까지 '5분 순삭'을 노리며 쏟아내고 있다.
[MBC 옛드(옛날 드라마)의 구독자가 180만 명이다]

기존 방송사까지 가세한
요즘 유튜브 시장은 그야말로 무한경쟁이다.

이에 유튜버들은 구독자 늘리기 쉽지 않다고
하소연을 한다.
하지만 나는 유튜브 경쟁의 시작은
지금부터라고 본다.
오히려 그때가 나았다고 말할 때가
분명 올 것이다.

유튜브계 유재석 '장성규'를 만든 사람들

★ 금손 제작사의 등장

"와썹맨 와썹~ 여긴 어디?"

"BAMMMMMM(뱀~~~~)"

최근 와썹맨-Wassup Man이 2년 만에

구독자 200만 명을 돌파했다.

와썹맨은 GOD의 멤버 박준형이

핫 플레이스를 찾아다니는 채널이다.

유튜브 생태계를 잘 모르는 사람들은 와썹맨을

박준형의 개인 채널로 착각할지도 모른다.

(사실 나도 첨엔 박준형 개인 채널인 줄!) ⌒

하지만 JTBC의 자회사인 스튜디오 룰루랄라의 채널이다.

박준형이 출연해 시민들과 티티타카를 하지만

기획, 편집, 광고 등 모든 작업은 룰루랄라가 한다.

룰루랄라가 방송사라면

박준형은 한 프로를 도맡아 진행하는 **1인 MC**다.

룰루랄라는 지난 7월 와썹맨 2탄인

장성규의 워크맨-Workman을 선보였다.

JTBC 아나운서 출신 장성규가

각종 취업 현장을 돌아다니며 직접 체험하는 것이다.

워크맨의 반응은 와썹맨을 뛰어넘을 정도로 힙하다.

론칭 38일 만에 구독자 100만 명을 돌파했고,

9월 말 현재 와썹맨의 구독자를 넘어선

266만 명을 기록 중이다.

(와썹맨이 2년 만에 달성한 구독자 200만을 세 달 만에)

에버랜드 알바 영상 조회 수는 천 만이다.

전 국민의 5분의 1이 본 셈이다.

요즘 대세는 선을 넘는 장. 성. 규.다.

장성규는 타고난 방송 천재라는 찬사를 받으며

유튜브계 핵인싸로 급부상했다.

이 두 채널의 성공에는

캐릭터 제조기 김학준 CP가 있다.

와썹맨과 워크맨, 두 채널을 잇달아 히트시킨 후

한 인터뷰에서 그는 인기 비결을 이렇게 밝혔다.

"방송에서는 못 살리는

박준형과 장성규의

캐릭터를 살려주고 싶었습니다."

사실 이 한 마디로 모든 설명이 다 해결된다.

기존 방송이 살릴 수 없었던

개인의 캐릭터를 살리는 것,

그것이 유튜브 채널의 경쟁력이다.

지상파 방송은 한 사람만을 위한 무대를 만들어줄 순 없다.

하지만 1인 미디어는 다르다.

오히려 **개인이 중심이어야 하는 방송**이다.

박준형을 뺀 와썹맨과 장성규 빠진 워크맨은

상상조차 할 수 없다!

채널의 캐릭터화는 결코 쉽지 않은 작업이다.

구독자들이 유튜브 채널을 감정 없는 TV로 보는 게 아니라

슬프고, 기쁘고, 행복하고, 즐거운 감정을 함께하는

친구처럼 느끼게 하는 작업이기 때문이다.

이를 위해선

먼저 캐릭터가 매력적이어야 하며

가식 없는 인간미가 필요하다.

최근 구독자 수에 상관없이

유튜버들이 가장 많이 고민하는 부분이 바로
어떤 콘텐츠를 전달하느냐가 아니라,
'어떤 캐릭터'를 만들 것이냐다.
임다TV의 강기정 씨 역시
"최근 유튜브 시장의 트렌드는
무엇을 전달하느냐가 아니라,
누가 전달하느냐가 더 중요하다"고 했다.
어차피 콘텐츠의 내용은 비슷비슷하기 때문에
자신이 좋아하는 사람에게서 듣고 싶어 한다는 설명이다.

와썹맨 편집 인기 비결

치밀한 전략으로 캐릭터를 살린
김학준 CP의 또 다른 비결은
'양방향 소통'이다.

스튜디오 룰루랄라는 **쌍방향 커뮤니케이션**이 가능한
1인 미디어의 특징을 200% 활용했다.
특히 영상에 검정색 정지 화면을 넣는 편집 기법은
많은 이들이 따라 할 정도로 큰 반향을 일으켰다.
(실제로 나 역시도 유튜브 편집을 할 때 와썹맨 편집 기법을 적극 활용한다) 😃

그는 인터뷰에서 **"편집은 생략의 미학"**이라고 말했다.

띠띠리 띠띠리~ 띠리띠리띠

피리 소리가 흐르고

괄호 안에 구독자의 마음을 읽는 듯한 자막이 나온다.

예를 들면

"너 못생겼어"

"응. 그래!!" "나 못생겼어."

이런 식이다.

이는 불필요한 부분은 생략하면서 구독자들과 소통하는

두 마리 토끼를 다 잡은 전략이다.

최근 워크맨의 인기 비결을 묻는 질문에

김학준 CP는 이렇게 고백했다.

"잘될 줄은 알았지만 이렇게 빠를 줄은 몰랐어요." 😃

이 같은 기존 제작사들의 유튜브 진출은

개인 유튜버들에게 시사하는 바가 크다.

대형 제작사와 맞붙어 경쟁할 게 아니라

그들은 못하지만 나는 할 수 있는

고유한 콘텐츠, 나만의 캐릭터로

승부해야 하는 것이다.

구독을 부르는 매력의 힘
★ 사생활도 투명하게!

20대 유튜버들의 채널을 보면서 까암짝 놀란 점이 있다.

남자친구, 여자친구를 대놓고 공개한다는 점이다.

뿐만 아니다. 커플 유튜버도 많다.

공대생 변승주 DS와 김하나 HANA 둘 다

구독자 100만 명이 넘는다.

그들의 스스럼없는 남친, 여친 공개를 보면서

"라떼는 말이야. 라떼는……

남친, 여친이 있어도 꽁꽁 숨겼어!!

결혼한 것도 아닌데 헤어지면 어떡할 거야?"

이렇게 생각하는 사람도 있을지 모른다.

(사실 내 생각! ㅎㅎ)

하지만 지금 이 순간이 인생에서 가장 중요한

밀레니얼 세대들은

"뭐 어때서요. 우린 헤어져도 편하게 잘 지내요!!"
(응. 그래…;;)

남친, 여친, 가족은 전적으로 사적인 영역이다.
요즘 직장에서는 이런 개인적인 질문을 한다는 것
자체가 실례다.
이제 막 입사한 여자 인턴에게 남자 상사가
조금이라도 실눈을 뜨고
"우리 ○○는 남자친구 있니?"라고 물었다간,
직장 내 성희롱으로 신고 당할지도 모른다.
홍콩에서 사모펀드를 운영하던 어느 대표는
지난 15년간 직원들에게 사적인 질문은
단 한 번도 한 적이 없다고 했다.
한국도 점점 이런 분위기가 확산되고 있다.
가족 같은 직장은 "너나 하세요"가 대세다.

그런데 유튜버들은
사적인 영역을 여과 없이 드러낸다.
양팡의 채널에는 아빠, 엄마, 동생까지 등장하며
공대생 변승주 DS에는 여친은 물론
할머니까지 자주 모습을 보인다.
이럴 때 구독자들이 느끼는 것은 뭘까?

그들은
감성의 소통과 공유를 느낀다.

아, 우리를 진짜 친한 친구로 생각하는구나!

진정성과 인간미를 느끼며
정서적인 장벽을 허문다.
사람들이 인간적으로 친해지는 건
일 얘기가 아니라 사적인 얘기를 할 때다.
(회사에서 일만 하면 아무리 오래 해도 안 친해짐) 😭

성공한 유튜버가 되려면 이 **감성의 영역**을 자극해야 한다.
구독자들이 '친한 친구'로 느끼게끔 만들어야 한다.

박준형, 장성규만한 캐릭터는 아니라도
감정 없는 미디어가 아니라
살아있는, 항상 내 옆에 있는
친구처럼 만드는 것이다.
매일 실시간 스트리밍을 하는 유튜버들이 있다.
친한 친구와 함께 일상을 공유하러 오는 것이다.
연예인을 동경하는 마음으로
실방(실시간 라이브 방송)에 참여하는 게 아니다.

하지만 마냥 편한 친구만 같아서는
유튜브계의 핵인싸는 될 수 없다.
언제나 볼 수 있는 내 친구 같다면 굳이
유튜브를 시청하며 시간을 낭비할 이유가 없기 때문이다.
다들 하고 싶어 하지만 차마 할 수 없는
일탈과 개성이 필요하다.
그래야 현실에서 감히 못하는 짜릿한 일탈을
내 친구가 대신 해주는 쾌감을 느낄 수 있다.
이는 동일시에서 오는 일종의 카타르시스, 감정의 정화다.

그래서
인기 유튜버가 되겠다고 결심했다면
사생활쯤은 탈탈 털어
빨랫줄에 걸어놓을 마음의 준비가 필요하다.

왜 훔쳐볼까
★ 브이로그가 인기인 이유

위인들의 대단한 성과도
평범한 일상이 모인 집합체일 뿐이다!
그들의 놀라운 성과는
어느 날 갑자기 하늘에서 뚝 떨어지는 게 아니라
지루한 일상의 반복의 결과다.
일상은 위대함의 원천이지만
그 자체로는 지루하다 못해 지긋지긋할 정도다.

최근 유튜브 브이로그가 인기다.
브이로그란? '비디오'와 '블로그'의 합성어로
자신의 일상을 영상으로 만든 콘텐츠다.
인기를 끄는 브이로그를 보면 평범 그 자체다.
주인공은 대부분 평범한 직장인이다.
(대기업보다는 중소기업이 더 많다)

가끔 친구도 만나고 병원도 가고 운동도 하지만
똑같은 일상이 반복된다.
외모를 봐도 간혹 연예인 뺨치는 미인들도 있지만
대부분 주변에서 흔히 볼 수 있는 흔남흔녀들이다.
그런데도 구독자와 조회 수를 보면 놀라운 따름이다.
얼굴 한 번 안 나오는데 구독자가 30만 명이 넘고
노잼 회사생활인데 조회 수가 20만 뷰를 넘는다.

"도대체 왜 브이로그를 보는지 이해가 안 되네요."
"그저 평범한 남의 일상일 뿐인걸요!"

아~무 내용 없는 남의 일상을 왜 보고 있느냐는 반응도 있다.
정보 위주의 의사 소통에 익숙한 이들에겐 당연한 의문이다.
사람들에게 힐링을 주는 건
정보가 아닌 감성이다.

사람들이 브이로그를 보는 이유는 단순하다.
바로 **감정적 공감과 위로**다!
특별할 것 하나 없는 타인의 일상에
아싸(아웃사이더)인 나의 생활이 오버랩된다.
그러면서 '핵노잼 인생'이 나만 그런 건 아니라는
공감과 위로를 얻는다.
아침이면 일어나 피곤한 눈을 비비며 지옥철을 타고

회사에 가 정신줄을 놓고 업무를 시작한다.
피곤에 찌든 머리를 억지로 뻑뻑 돌리며
점심시간이 오기만을 기다린다.

'오늘 점심은 뭐 먹지?'

직장인들의 가장 큰 고민을
동료들과의 격한 브레인스토밍 끝에 해결한다.
나른한 오후가 시작되고 이번엔 퇴근시간만 기다린다.
지친 몸을 이끌고 집으로 돌아와
나를 반기는 애완동물에 무한 애정을 쏟는다.
(브이로그 속 애완동물은 인싸템!)

이 흔하디흔한 일상을 깨알 재미로 승화시키는 건
자신만의 스토리텔링이다.
월요병의 우울함을 날려버리기 위해 병맛 사진을 찍고
영혼 없는 잡일도 퇴근 후 먹을 떡볶이를 생각하며
버티는 것이다.
이들이 찾는 것은 **일상 속 소소한 행복**이다. (소확행)

브이로그의 성공 포인트는 소확행이다.
평범하면 평범할수록 더 큰 공감을 얻고
그 안에서의 소소한 재미는 더 크게 느껴진다.

결국 가장 평범한 것이
가장 어려우면서도 대단한 것이다!
(남들처럼 좋은 사람 만나 행복하게 사는 일이 왜 그렇게 어려운 일인지;;;;) 🙁

유튜브를 시작할 때면 누구나
콘텐츠에 대한 깊은 고민에 빠진다.
하지만 그럴 필요 없다.
평범한 일상도 훌륭한 콘텐츠가 될 수 있다.
내겐 평범한 일상이지만
타인의 시선에서 볼 때
훔쳐볼 만한 관음증의 대상일 수 있다.

유튜브 소재의 고갈을 느낄 땐 지난 일주일을 떠올려보자!

일주일 동안 뭐 하고 살았지?

노잼이어도 괜찮다.
노잼도 쌓이면 스토리가 된다.

브이로그는 꾸준히 올리는 게 중요하다.
주기적인 업로드를 통해 나만의 스토리텔링을 만들면 된다.
대부분의 일상 유튜버들은
주말에 한 주를 정리하며 브이로그를 올린다.

구독자들은 그의 일주일을 보며

공감과 위안을 얻고

다음 일주일을 준비한다.

외로운 영혼들이 타인의 삶을 훔쳐보며

허한 마음을 달래는 것!

브이로그에 심취하는 진짜 속내일 것이다.

겟레디위드미 (GRWM)
★ 함께 준비해요!

요즘 '나와 함께 준비해요'라는
겟레디위드미(Get Ready With Me, GRWM) 영상 촬영이 힙하다.
브이로그의 일종이지만 일상보다는
노하우 공유와 수다를 떠는 쪽에 좀 더 가깝다.
함께 준비하며 수다도 떨고
자신만의 필살기도 소개한다.

그중에서도 많이 찍는 영상은
등교 준비 같이 해요!
출근 메이크업 같이 해요!
등이다.
아침에 일어나 자신의 모닝 루틴을 소개하고
여성은 화장 팁을,
남성은 머리손질법 등을 소개한다.

GRWM은 우리가 일상 속에서

바쁘게 무언가를 준비할 때의 모습을 상상하면 된다.

아침에 억지로 눈을 떠

졸린 눈을 비비며 씻으러 간다.

충분히 샤워를 할 때도 있지만 머리만 감기도 한다.

5분 순삭으로 씻기를 마치면 화장대에 앉아

본격적인 메이크업을 시작한다.

(그루밍족들이 늘면서 요즘은 남자들도 화장을 많이 함)

바쁜 아침 준비 시간은 늘 부족하다.

메이크업에 주어진 시간은 짧으면 5분, 길면 10분이다.

이 짧은 시간에 뷰티 유튜버들에게 배운

메이크업 꿀팁을 다 시현할 순 없다.

자신만의 노하우로 빠르게 화장을 해치운다.

수다는 필수템이다.

마치 구독자가 옆에 있는 것처럼 수다를 떨며

바쁜 준비 과정을 공유한다.

이때 구독자들은

가. 족. 같. 은. 느낌을 받는다.

우리는 가족 앞에서 가식을 떨지 않는다.

심지어 옷도 잘 입지 않고 팬티 바람으로 돌아다니기도 한다.

(민망 데쓰!) ◠◠

그래도 뭐 어떤가!! 가. 족. 인. 데!!

유튜버의 날것 그대로의 아주 편한 모습을 보면서
구독자들은 마치 그의 가족이 된 것과 같은 친근함을 느낀다.
GRWM을 보는 또 다른 이유는
현실을 살아가는 '나와 같다'는 동질감 때문이다.
사실 뷰티 유튜버의 화장법과 뷰티 팁은 현실성이 떨어진다.
일상에서 뷰티 유튜버가 알려주는 꿀팁대로
정석대로 화장을 하고 다닐 수 있는 날이 며칠이나 될까?
반면 나와 같은 일반인의 화장법과 노하우는
상당히 현실적이다.
어쩌면 뷰티 유튜버의 고급진 팁보다 효용성이 더욱 크다.
심지어 배우 한예슬도 브이로그에서
평소 대충하는 화장법을 소개했다.
(한 방에 아이섀도를 발라버리는 등 정말 대충 대충이다) 👍

우리에겐 누구나 꿀팁 필살기 하나쯤은 있다.
꼭 전문가의 꿀팁만이 우리에게 도움이 되는 게 아니다.
나와 같은 평범한 사람들이
실생활에서 얻은 지혜가 더 와 닿을 수 있다.

이제 유튜브 시대에 접어들면서
인간의 지적 능력은 무한 확장을 경험하고 있다.
대단한 지식이 아니라
일상을 살아가는 지혜에서도 말이다!

생각해보면 누구나 각자의 필살기 하나씩은 가지고 있다.
살면서 자신만의 노하우가 없는 게 이상하다.
예전에는 개인적 노하우는 그냥 혼자 알고 끝냈지만
요즘에는 유튜브를 통해 얼마든지 공유될 수 있다.

전문직 유튜브 진출 왜
★ 뇌섹끼 주체 못해

의사, 변호사, 회계사, 세무사, 교수……
유튜브 세상에서 꼬옥 필요한 관종끼와는 멀어 보이는
전문직들의 유튜브 진출이 늘고 있다.
그들은 왜 그들만의 성벽을 넘어 유튜브 세상으로 진출하는가?

유튜브, 가장 좋은 마케팅 수단

전문직의 유튜브 진출은 크게 두 가지로 나눌 수 있다.
먼저 **영업이나 마케팅 수단의 일환**이다.
떡상을 한 경험이 있는 전문직들은 유튜브가
확실히 영업에 도움이 된다고 말한다.
"유튜브가 한 번 잘되면 홍보를 안 해도
사람들이 찾아오더라고요."
하지만 이럴 경우 콘텐츠의 확장성과 지속 가능성이 떨어진다.

초반에 열심히 해서 어느 정도 고객이 확보되면
유튜브를 중단하는 경우가 많다.
지금도 고객이 충분한데 여기서 더 오면
관리가 안 되고 피곤해지기 때문이다.
초반에 열심히 하다가 시들해지는 채널이 있다면
이런 이유에서다.

그다음 두 번째 경우는 전문직이란 타이틀을 떠나
관종끼가 흘러 넘치는 이들이다.

킴변KIMBYUN 김지수 씨는 관종 변호사다.
그는 처음부터 법률 지식이 아닌 브이로그로 출발했고
팬 사인회까지 열 정도로 인기 몰이를 하고 있다.

그의 극단적 관종끼를 보여주는 영상은 '세뇨리따'인데
숟가락을 손에 들고 능청맞게 노래를 부른다. 👍
전형적인 틀을 완전히 깨는 행동에 사람들은 매력을 느꼈다.
특히 그는 로펌을 퇴사하고 개업을 하면서
자유분방하게 인생을 살고 싶어 하는 20대의
선망의 대상이 되고 있다.

관종끼도 다양한 종류가 있는데
외모나 언행 등 자신의 매력을 뽐내는 것 외에도

지적 매력을 뽐낼 수 있다. 바로

뇌섹남, 뇌섹녀다.

일반인이 못 가진 전문성을 확보한 그들이기에

자기 분야에 관해 마음껏 뇌섹끼를 분출할 수 있다.

전문직 중에서도 대중성을 얻기가

가장 수월한 직군은 의사다.

건강은 누구나 관심을 가질 만한 주제이기 때문이다.

(약사인 **약쿠르트** 채널도 인기다)

사실 전문직은 자신 분야 외에도

다양한 분야를 다룰 수 있다.

사진찍는회계사YK는 주로 사진을 다루지만

회계 지식, 일상 브이로그 등 다양한 콘텐츠를 넘나든다.

그는 "찍고 싶은 영상이 지금도 30개가 넘는데

시간이 없어 다 못 찍고 있다"고 말했다.

그 역시도 하고 싶은 말을 꼭 해야

직성이 풀린다고 했다.

주체할 수 없는 뇌섹끼는

전문직 유튜버의 필수템이다.

가짜 뉴스와 유튜브 저널리즘
★ 인지 편향성을 경계하라

작년 이맘때만 해도 내 생각은

투자은행(IB) 업계라는 프레임에 갇혀 있었다.

IB팀장을 맡고 있었기에 세상을 보는 기준은

큰손들의 자금 흐름과 사모펀드들의 M&A 등 자본시장이었다.

작년 IB 업계의 핫이슈는

국민연금기금운용본부의 최고투자책임자(CIO) 재선임이었다.

그때는 수백조 원에 달하는 국민연금기금을

누가 어떻게 운용하느냐가 가장 중차대한 문제라고 믿었다.

하지만 1년이 지난 지금은…?

요즘 내가 세상을 보는 프레임은 **영상 매체**다.

영상으로 정보를 전달하고 감동을 주고

소통하는 일에 꽂혀 있다.

근본적인 이유는 부서가 바뀌어서다.

기자들은 2~3년에 한 번씩 취재 부서를 바꾸는데

회사를 바꾸는 것과 맞먹는 변화다.

부동산부에 있을 땐 부동산의 관점에서,

금융부에 있을 땐 금융인의 시각으로,

증권부에 있을 땐 IB맨의 입장으로,

세상을 바라본다.

그래서 같은 사건이라도 출입처에 따라

기자들의 시각이 천차만별이다.

(진심 이러케 다를 줄은 몰랐다)

2017년 대우조선해양 사태 때도

증권부에서 국민연금관리공단을 출입하는 기자와

산업부에서 조선사를 출입하는 기자,

금융부에서 산업은행을 담당하는 기자의 뷰가 모두 달랐다.

결국 인간은 자신이 매일 접하는 뉴스와 사람에 따라

편향될 수밖에 없다.

그래서 〈뉴욕타임스〉 칼럼니스트 토머스 프리드먼은

다양한 부서를 돌면서

여러 개의 렌즈로 사회를 볼 수 있어야 한다고 했다.

친절한 성 기자의 유튜브 재테크

유튜브 가짜 뉴스 이대로 좋은가!

조국 청문회를 앞두고 온라인상에서 '실검 전쟁'이 벌어졌다.
조국 힘내세요!가 실시간 검색어에 올랐다.
이에 반대자들이
조국 사퇴하세요!를 실검으로 올리며 맞섰다.
먼저 선빵을 날린 건 조국을 지지하는 진보 세력이다.

반면 요즘 보수 세력은 유튜브에 집결한다.
조국에 대한 각종 의혹을 제기한 쪽도 보수 유튜버들이다.
이처럼 정치 세력마다 선호하는
매체가 다르다는 사실은 상당히 흥미롭다.
그동안 보수는 단합된 목소리를 내지 않는다는
비판이 있었는데
유튜브가 응집의 촉매제 역할을 하고 있는 셈이다.

유튜브를 통해 이제는 누구나
뉴스를 생산할 수 있게 됐다.
다양성 측면에서 긍정적인 일이지만
유튜브로 확산되는 '가짜 뉴스'는 분명 경계할 필요가 있다.
가짜 뉴스를 진짜 뉴스처럼 믿는 이유는 **확증 편향** 때문이다.
우리는 보고 싶은 것만 보고 듣고 싶은 것만 듣는 성향이 있다.
구글 알고리즘이 보여주는 뉴스만 따라가다 보면

계속 보고 싶은 뉴스만 보게 된다.

유튜브에서 볼 수 있는 뉴스는 훨씬 다양해졌지만
아이러니하게도 시각은 더 좁아지는 것이다.
보수 성향이 있는 사람이
보수 유튜버들의 채널만 계속 보면
보수 꼴통이 되는 것이다.

개인적으로도 경험했지만 프레임에 갇힌다는 건
참으로 무서운 일이다. 😩
사고를 옭아매는 프레임에서 벗어나는 일은
분명 개인적 노력이 필요한 일이다.
자신의 사고가 한쪽으로 치우친다면
브레이크를 밟고
쉬어갈 필요가 있다.

밴쯔의 몰락
★ 영원한 것은 없다

유튜브 세상을 깊이 들여다보면
소위 뜨는 유튜버와 지는 유튜버가 있다.
"00유튜버 알아요?" 하고 물으면
"알죠! 그 유튜버 요즘 완전 망이잖아요" 또는
"요즘 완전 핫한 유튜버예요!"라는 답변이 돌아온다.
그 기준은 단지 구독자 수가 아니다.
얼마나 흐름을 잘 읽고 그에 맞는 콘텐츠를 생산하느냐다.
이를 알려주는 척도가
바로 **구독자 수 대비 조회 수다.**

예를 들어 100만 유튜버라면
한 영상당 적어도 10%에 해당되는 10만 뷰는 나와줘야 한다.
만약 구독자 수 대비 조회 수가 낮다면
미안하지만 '지는 채널'이다. ☁️

대표적인 사례가 1세대 먹방 유튜버 밴쯔다.

한때 구독자 수가 300만 명이 넘었지만

자체 생산한 다이어트 제품이 과대광고로 논란이 되고

대처까지 잘못하면서 20만 명 가까이 줄었다.

(10월 초 현재 278만 명)

최근 올라온 영상의 조회 수도 4만 뷰로.

구독자 수에 비해 저조하다.

(밴쯔에게 악감정은 1도 없음. 실명 거론한 건 일종의 예시일 뿐)

반면 뜨는 채널 임다TV와 띠미 ddimmi는 어떨까?

밴쯔보다 구독자 수가 194만이나 적은

띠미의 경우 최근 올린 영상들이 모두 10만 뷰를 넘었다.

특히 '요즘 난리 난 페북템.

붙이기만 하면 살이 10kg 빠진다고?'는 24만 회

'엽기떡볶이 국물만 시키면 어떻게 될까'는

무려 54만 회를 기록했다.

구독자 수 대비 조회 수가 현격히 떨어지면

구독자 수가 아무리 많아도

아싸로 접어들었다고 볼 수 있다.

유튜브 세상에선

방심하는 순간, 몰락은 순식간이다.

트렌드에 살고 트렌드에 죽는다

30대 이상은 띠미 ddimmi 채널을 잘 모를 것이다.
하지만 1020대 여성들에겐
요즘 핫한 트렌드를 알 수 있는 인기 채널로 통한다.
10대 소녀들은 띠미를 보며
대리만족을 느낀다.
띠미가 떡상을 한 영상은 '엽기적인 머랭 쿠키 ASMR'이다.
띠미가 10대들이

궁금해하고

신기해하는

머랭쿠키를 대신 먹어본 것이다.

10대들의 트렌드를 읽기 위해 띠미는
끊임없이 연구한다.
인스타그램과 페이스북을 적극 활용하고
(띠미를 처음 섭외한 것도 인스타를 통해서다)
해외 직구 사이트를 열심히 판다고 했다.
인터뷰에서 그는
"최근에도 해외 직구 사이트에서 엄청 질렀다"며 웃었다.
그의 채널을 보면 신박한 영상들이 유독 많다.
모두 직접 사서 써보고 소개하는 것이다.

금손 제작사들 역시 트렌드에 민감하다.
와썹맨, 워크맨의 제작사 스튜디오 룰루랄라는
기업이니 만큼 트렌드 분석이 정교하고 체계적이다.
웹 예능의 소재로 다뤄지고 있는 것들을 데이터로 분석하고
10대들이 많이 가는 커뮤니티에서 2시간 이상 웹 서핑을 한다.

**무한경쟁 유튜브 세상에서 살아남으려면
트렌드에 촉을 세워야 한다.**

시장이 몸값을 결정한다는 의미

주차관리 시스템 '하이파킹'의 박현규 대표를
인터뷰한 적이 있다.
그는 월급쟁이 출신으로 사모펀드 대표직까지 올라가는
직장인 성공 신화를 썼다.
인터뷰 후 잊혀지지 않는 말이 있다.
"월급쟁이로 부자가 되려면
연차나 직급이 중요한 게 아니라
'시장이 몸값을 결정하는' 곳으로 가야 한다."

대부분의 직장인은 성과에 따라 월급을 받는 게 아니라
정해진 월급을 받는다.
그가 월급쟁이로 출발해 부자가 될 수 있었던 비결은

시장에서 낸 성과로 몸값을 인정받을 수 있는
외국계 회사에 있었기 때문이다.
인터뷰 당시만 해도 '시장이 몸값을 결정하는'의 의미를
정확히 이해하지 못했다.
하지만 유튜브 세상을 알게 되면서
그 의미를 정확히 이해하게 됐다.

유튜브는 매 영상마다 정확한 가격이 매겨진다.

(실제로 달러로 표시된다)
게다가 한 영상을 올릴 때마다
즉각적인 반응이 온다.
직업 유튜버야말로
'시장이 몸값을 결정하는' 최선봉에 서 있다.

재테크 전문 기자인 내가
유튜브 책을 쓰고 유튜버에 관심을 갖는 이유도
여기에 있다.
돈을 벌려면, 부자가 되려면
시장이 실시간으로 정확하게 몸값을 결정하는
유튜브 세상을 알아야 한다.

때로 인생은 한 방이다.
당신의 유튜브 영상이 언제 대박을 터뜨릴지 모른다.
그러니 존버 정신으로 무장하고 꾸준히 업로드하라.

고퀄 영상에 목숨 걸지 말고
(발편집 영상이 오히려 조회 수가 높을 때도 많다)
세상에 계획대로 되는 건 없으니
대본 짜는 데 에너지 다 쓰지 말고
가벼운 마음으로 하라.

딱 하나만 기억하면 된다.

"구독자가 왕이다."

9350602

2

당신의 채널을 떡상시키세요!

유튜브를 못할 사람은 없다!
시간 날 때 설렁설렁 해도 된다.
가벼운 마음으로 시작할 때
의외의 소득이 생기기도 한다.

유튜버 될 수 있을까? 싹수 판별법

★ 나 관종 맞니?

유튜버들을 만나보면 분명한 공통점이 있다.

그들은

관심받고 싶어 하며

드러내고 싶어 하고

말하고 싶어 한다.

즉 표현의 욕구가 강하고 표현력이 뛰어나다.

그리고 **소통의 달인**이다.

소통은 먼저 나 자신을 드러내고 표현해야 가능하다.

단지 이쁘다는 이유로, 스펙이 좋다는 이유로 받는

관심은 일시적이다.

그렇다면

누가, 유튜버가 될 수 있을까?

한 가지 답은 이미 나왔다.

표현의 욕구가 강한 사람들이다.
(남에게 해주고 싶은 말이 있으면,
대나무 숲에 가서라도 "임금님 귀는 당나귀 귀"라고 말을 해야 직성이 풀린다)

물론 누구나 표현하고 소통하고 싶은 내적 욕구가 있다.
하지만 이를 얼마나 적극적으로 드러내느냐는 성향의 차이다.
전업 유튜버를 고려할 때는 진지한 자아성찰이 필요하다.
스스로에게 물어야 한다.

"나······ 관종?"

"어······ 너 관종."

하지만 이 관종끼도 정도의 차이가 있다.
만약 본인은 인정하지 않지만 남들이 관종이라고 부른다면
관종 맞다!
(억울해 말자. 남들 눈이 정확하다!)
남들이 관종이라고 부르는데, 스스로도 인정하면
그건 진. 짜. 관종이다!! 😃
(이건 진심 빼박)
미정쑈SHIN MI 채널을 운영 중인 신미정 아나운서는

스스로의 관종끼를 인정하며 이렇게 말했다.

"이왕 세상에 태어난 거 사람들이 알아봐줘야죠.
이쁜 옷을 샀으면, 사람들이 이쁘다고 알아봐줘야죠."
(관종들이 어떤 마음인지 이해하게 됨)

관종은 결코 나쁜 캐릭터가 아니다.
유튜버가 될 수 있는 기본 자질이다.
아무나 카메라 앞에서 뻔뻔하게 얘기할 수 있는 게 아니다.
적어도 길거리에서 셀카봉을 들고
당당하게 방송할 수 있을 정도의 낯 두꺼움은 기본이다.
(실제로 요즘 강남역에 가보면 죄다 유튜버들이다)

그. 런. 데. 도. 유튜브를 못할 사람은 없다.
(대도서관 가라사대, "유튜브에 맞지 않는 사람은 없습니다.")
스트레스 안 받고 시간 날 때 설렁설렁 하면 된다.
이렇게 가벼운 마음으로 시작할 때
의외의 소득이 생기기도 한다.
유튜브의 결과물은 노력에 정비례하지 않는다.

강한 표현의 욕구가 중요한 이유

관종끼가 유튜버의 기본 자질인 이유는

비단 재능 때문만이 아니다. 사실은 **지속 가능성** 때문이다.
백종원이 아닌 이상, 아무리 관종끼가 충만해도
구독자 수가 일정 수준 이상 쌓일 때까지ㄴㄴ
버티는 시간들이 필요하다.
그런데 이 인고의 시간은
스스로 즐기지 않고선 견뎌내기가 쉽지 않다.

(울면서 버텼다는 유튜버 여럿 봤음)

채널이 잘되느냐와 지속 가능하냐는
또 다른 차원의 문제인 것이다.
심지어 채널이 잘돼도 심리적 압박감을 이기지 못해
그만두는 사람들이 부지기수다.

영상 하나하나에 일희일비하지 않고 꾸준히 하려면
마르지 않는 샘물과 같은 표현 욕구가 필요하다.

그래도 스스로가 어떤 인간인지 가늠키 어렵다면,
평소 SNS 활동을 보면 된다.
블로그를 꾸준히 운영해왔다면 상당히 유리하다.

(블로그에서 유튜브로 넘어온 사람 꽤 많음)

인스타, 페북 등 SNS 활동을 열심히 하고 있다면
이 또한 유리한 상황이다.

그. 런. 데.

평소 SNS 활동을 즐기지 않고 사생활을 꽁꽁 숨기며

소수의 친구들과 깊은 관계 맺기를 선호한다면

유튜버로 그리 맞는 성격은 아니다.

(인스타 비공개는 조금 애매함)

유튜브 세상은

내 생각, 내 감정, 내 행동

하나하나가

탈탈 털리는 곳이다.

더 정확히는 그렇게 탈탈 털어서

스스로를 보여주고 캐릭터를 드러내야

성공할 수 있다.

타인과 사생활까지 공유하는 일을

극혐한다면 유튜버로 적합하진 않다.

(단, 용빼는 재주가 있는 신박한 만렙은 제외)

나는 어떤 유형? 유튜브 vs 블로그
★ 둘 다 하면 BEST

유튜브 할까, 블로그 할까.

퍼스널 브랜딩을 고민하는 대부분이 이 갈림길에 선다.

예전엔 무조건 블로그였지만

최근엔 유튜브가 대세다.

그. 렇. 다. 면.

어떤 선택을 해야 할까?

블로그의 언어 vs 유튜브의 언어

선택에 앞서

블로그와 유튜브, **두 언어의 차이**를 명확히 인식해야 한다.

아주 단순하게는

블로그는 텍스트고

유튜브는 영상이다.

블로그는 신문 기사고

유튜브는 방송 뉴스다.

텍스트와 영상

이 둘의 차이가 뭐 그렇게 클까? 하는 생각이 들 수도 있다.

(나 또한 그랬다)

얼핏 비슷해 보이지만,

이 두 언어는 완전히 다르다.

신문사에 입사해 신문 기사만 써온 나로선

처음 유튜브 언어인 영상을 이해하는 게

너. 무. 힘이 들었다.

이는 페북과 인스타의 언어 차이와도 같다.

텍스트 중심의 페북에는 구구절절 말이 많다.

주된 사용자의 나이도 많은 편이다.

반면 인스타는 말이 필요 없다.

사진 한 장으로 모든 것을 표현한다.

20대 젊은 애들이 논다.

두 언어는 목적성에도 차이가 크다.

우리가 글을 읽는 이유는 정보를 얻기 위해서다!

원하는 정보를 쉽고 빠르게 얻는 것.

이것이 텍스트의 목적이다.

반면 영상을 보는 이유는 생각하기 싫어서다.

어려운 책을 읽다가 머리를 식히고 싶을 때

TV를 보거나 영화를 본다.

그래서 유튜브 영상 언어는 무조건

재미있어야 한다!

바꿔 말하면 **지루할 틈을 주면 안 된다!!**

영상을 보다가 딴 생각이 드는 그 순간,

바로 더블 클릭을 눌러 스킵한다.

(유튜브 영상 분석에서 직접 확인할 수 있다)

어떤 언어가 더 친숙한지는

연령별로도 차이가 크다.

90년대 이전 출생들은

정보 습득 수단으로

텍스트를 편하게 생각하는 이들이 많다.

책을 통해 정보를 얻는 것이다.

하지만 90년대 이후 출생들은

정보를 얻을 때 네이버가 아닌 유튜브 창에서 먼저 검색한다.

이는 유튜브 구독자층만 봐도 알 수 있다.

1020대가 많이 보는 영상은

자막 없는 속도감 있는 영상이다.

이들은 텍스트가 아니라

영상 화면을 머릿속에 바로 스캔하기 때문이다.

하지만 30대 중반 이상이 선호하는 채널은

유튜버가 가만히 앉아서 설명을 하거나,

주장을 하는 것들이 많다.

이들은 영상 자체보다는

유튜버가 주는 메시지에 더 집중하기 때문이다.

나이에 따라 평소에 쓰는 언어도 다르다.

(비즈니스를 하는 하는 아빠, 전업주부인 엄마, 30대 직장인,

그들끼리 쓰는 은어가 분명 존재한다)

50대 이후를 타깃으로 하면서

인싸, 안물안궁, 낄끼빠빠 같은 말을 쓰면 소통이 안 된다.

떡상도 2030대 유튜버는 다 알아듣지만

30대 후반 이후는 못 알아듣고 다시 묻는다.

"아…… 떡상요?"

대도서관은 편집 스킬은 떨어져도

무조건 어린 편집자를 쓰라고 했다.

그래야 젊은 세대의 정서를 공감하고

그들의 언어를 알기 때문이다.

사실 가장 추천하는 방법은

둘 다 병행하는 것이다.

셀프인테리어 이폼 채널의 오민아 씨는
유튜브와 블로그를
각각 다른 방식으로 활용한다고 말했다.
유튜브에는 압축적인 정보를 담아 하나의 영상을 올리지만
블로그에는 관련 설명을 2~3개로 쪼개서 올린다는 것이다.

유튜브 영상으로는 스타일링의 전반적인 분위기를 보여주고
자세한 정보는 블로그를 통해 제공한다.
유튜브와 블로그의 언어 차이를 정확히 알고
적절하게 잘 활용한 케이스다.

유튜브 광고 수입 vs 네이버 애드포스트

사람들이 과감히 블로그를 버리고
유튜브로 돌아선 이유는 광고 수익 때문이다.
유튜브는 광고 수익을 사용자와 45대 55로 나눈다.
네이버 블로그의 애드포스트가 도입되기 전까진
아무리 파워블로거라고 해도 광고 수익이 생기진 않았다.

최근엔 네이버도 게재글에 광고를 붙일 수 있는
애드포스트 제도를 도입했다.

일정 심사 기준을 통과한 블로거들은 광고를 붙일 수 있고
사람들이 그 광고를 클릭할 때마다 수익이 발생한다.

그렇다면
유튜브와 블로그
어느 쪽 수입이 더 많을까?

이건 개인차가 크다.

블로그 애드포스트 광고 수익은
광고 자체를 클릭해야 수익이 발생하는데
이는 이웃 수는 물론 조회 수와도 무관하다.
조회 수가 많이 나와도 **클릭 수가 낮으면**
광고료 수입이 많지 않다.

주변에 보면 블로그 이웃이 1만 명이 되지 않아도
한 달에 10만 원 이상 애드포스트 수익을 내는 경우가 있는데
이는 상당히 이례적이다.

떡상하고 싶니
★ 트렌드 읽는 법

유하! (유튜브 친구들! 안녕!) 😃

요즘 애들이 쓰는 유튜브 신조어가 많다.
그중에서도 떡상은
호감과 비호감의 애매한 경계에 있다.
떡상이란 말을 쓰기 전에 즐겨 쓰이던 표현은
'퀀텀 점프'였다.
더 쉬운 말로는

인생
한 방

모…… 이 정도로 표현 가능하다.

떡상의 지름길은?

유튜브를 시작한 많은 사람들이 꿈꾸는 게 떡상이다.
"떡상하고 싶나요?"라고 물으면
"당연하죠! 방법을 몰라서 그렇지……."
라고 답한다.

최근 꼬요야놀자 채널의 임소연 씨가 알려준
떡상 노하우는 초보자들이 참고할 만하다.

그가 전해준 첫 번째 노하우는,
구글 트렌드를 적극 활용하라!는 것이다.

구글 트렌드는 구글에서 제공하는 실시간 검색어 순위다.
구글 트렌드에 접속하면
우리나라는 물론 전 세계 실시간 키워드들을 알 수 있다.

2019년 8월 31일 오후 5시 기준
구글 트렌드 인기 검색어 순위를 보면
1. 함박도
2. 화사
3. 5SOS
등이다.

같은 시간 네이버 실시간 검색어 순위도 비슷하다.
함박도와 화사 공항 패션 등이 상위권에 랭크돼 있다.
이 중에서 떡상을 위해 적극 활용할 수 있는 소재는
'화사 패션'이다.

'도대체 화사 공항 패션이 어떻기에
하루 종일 실검 상위권일까?'

사진출처: 이슈TV

딱 봐도 생소한 패션이다!!
핵. 충. 격. 💣

〈스타뉴스〉 기사에 따르면 '히프 슬렁 룩'이라고 한다.
청바지 지퍼를 반쯤 내려 속옷이 보이는 게 포인트.
할리우드 스타 저스틴 비버가 자주 하는 패션이라고 한다.
게다가 노브라데이를 맞아 브래지어까지 하지 않은
화사의 공항 패션은 실검에 뜰 정도로
쇼킹하긴 하다.

이럴 때 떡상을 위한 어그로 영상은

화사 공항 패션 직접 입어보았다!
화사 패션 히프 슬렁 팬츠는 무엇?

실제로 유튜브를 찾아보니 이슈를 다루는 유튜버들이
화사 공항 패션을 다루고 있다.
하지만 이. 때.

중요한 점은
그날 바로 거의 **실시간으로 올려야 한다**는 점이다.

하루라도 늦으면 안 된다.
실시간 검색어의 유통기한은 길어야 하루다.
얼마 전 유재환 씨가 몰라보게 달라진 모습으로 나타났다.
이때도 실검에 올랐지만 하루 만에 사라졌다.
아마 다음 날이면 또 다른 검색어가 구글 트렌드에 오를 것이다.

1. 글로벌 키워드와 **2. 지속적인 키워드 활용**이
떡상의 지름길이다.

유튜브 제목만 읽기

내가 유튜브로 트렌드를 파악할 때 쓰는 방법은
'제목만 읽고 스킵하기'다.
5분짜리는 영상들을 일일이 다 보고 있기엔 시간이 없다.
하지만 유튜브에서 이슈가 되는 키워드들을 놓친다면
핵인싸가 될 자격이 없다.
이럴 때 효율적인 방법이
유튜브계의 이슈 메이커인 대형 유튜버들을 구독하고
시간이 날 때마다 제목만이라도 보는 것이다.
특히 요즘은 섬네일만 봐도 무슨 내용인지 다 알기에
금방 흐름을 파악할 수 있다.

구독을 부르는 소리
★ 긍정 바이브를 전파하라

지난 기자생활 동안 나를 바꾼 건
직장 상사의 잔소리도 아니었고,
위대한 저자의 책도 아니었으며,
심금을 울리는 영화도 아니었다.
그것은 바로 **사람**이었다. 😀

부동산은 1도 모르던 초짜 기자가
빌딩부자들을 만나 부동산에 눈떴고
가계부는 1도 쓰지 않던 초절정 사치녀가
짠돌이, 짠순이들을 만나 절약을 하기 시작했다.

그 누구도 내게 강요는 물론 권유조차 하지 않았다.
그들은 그냥 내 옆에 있었고 나는 그들을 봤고
그들의 **긍정 에너지**가 내게 전해진 것이다.

처음 빌딩부자들을 만날 때만 해도
내가 직접 부동산 투자를 할 줄 몰랐고
처음 짠돌이, 짠순이들을 인터뷰할 때만 해도
내가 그들처럼 변할 줄은 몰랐다.

이것이 바로
옆에 있는 **사람의 힘**이다!
지금 내 옆에 **누가 있느냐가 내 인생을 결정한다.**

사람은 모두
자기만의 에너지를 가지고 있다.
그 에너지가 만나 서로 시너지 효과를 내며
폭발적인 결과를 낼 수도 있고
서로 부딪혀 발전을 저해하는 부정적 영향을 줄 수도 있다.

평범한 사람들이 주는 긍정 바이브

운동 유튜버 운지기는
웬만한 트레이너 뺨치는 근육의 소유자다.
새벽부터 밤까지 쉴 새 없이 일을 하면서도
자투리 시간에 틈틈이 운동을 한다.
그의 평균 수면 시간은 하루 4~5시간.
구독자들은 도대체 그가 무슨 일을 하는지 궁금해했다.

어. 느. 날.

그가 대기업에 경력직으로 이직을 한다는 영상을 올렸다.
그의 원래 직업은 과일가게 사장이었다.
매일 새벽 4시에 일어나 5시에 서울 가락시장에 도착해
경매로 청과물을 받아 8시에 인천으로 돌아왔다.
거래처에 납품을 시작하는 오전 9시까지 짬을 내 운동을 했다.

그의 실체를 안 사람들은 폭풍 충격에 휩싸였다.
그의 처절한 노력과 강인한 멘탈에
물개 박수를 보냈다.

그가 사람들에게 전한 것은
자신의 인생을 치열하게 사는 사람의
긍정 에너지다.
"그렇게 열심히 살더니 드디어 빛을 보는구나."

그를 보면서 사람들은 희망을 얻고
그처럼 되기 위해서 매순간 최선을 다할 명분을 얻는 것이다.

그는 주로 편집 없이 운동하는 모습을 실시간으로 방송한다.
사실 구독자들이 그의 영상을 보며 얻는 것은
운동 팁이 아니라 **긍정 바이브**다.

진정성이 주는 힘

또 한 명의 긍정 바이브 전파자는 강과장이다.
서울로 올라와 직장생활 10년 만에 2억 원을 저축했다.
중소기업에서 일하며 절약과 저축만으로 돈을 모은
그의 스토리는 많은 이들에게 뼈 때리는 교훈을 전했다.
(강과장님의 인생썰은 4장 유튜버 인터뷰에서 자세히 소개)

이들의 영상은 구독자 수백만 유튜버들처럼
화려하지도, 현란하지도, 자극적이지도 않다.
자막이 없고 CG가 없어도 그들의 영상은 사람들에게 내재된
긍정 에너지를 자극하며 인기 몰이를 하고 있다.

결국 사람의 마음을 움직이는 건
진정성이다.
사람들이 유투버에게 원하는 것은
그 진정성이 가져다주는
긍정 에너지다.

메트로놈 공명 효과라는 것이 있다.
중구난방으로 움직이던 수십 개의 메트로놈이
어느 순간 일제히 같은 소리를 내며 움직이게 되는 것이다.

우리 옆에 있는 사람이
아~~~무 것도 하지 않아도
옆에 있는 그 자체만으로
보이지 않는 영향을 준다는 메시지다.

만약 당신이
죽도록, 미치도록 최선을 다해 살고 있다면
부끄러운 일이 아니다.
당신의 독함을 만천하에 드러내고
선한 영향력을 끼쳐라!
사람들이 진정으로 원하는 것은
당신의 긍정 바이브다.

유튜브로 기록하라

★ 멸치가 45kg 되는 그날까지

《마음 다스리기》에서 법륜스님은

자신의 감정을 다스리려면 감정이란

원래 시시각각 변한다는 사실부터 알아야 한다고 했다.

하루 종일, 365일, 평~~생

나라는 사람이 느끼는 감정이

또옥같다면

사람이 아니라 로봇이다.

그래서 "사랑이 어떻게 변하니?"는 우문이다.

시간이 흘러 일상의 퇴적물이 쌓이다 보면

처음의 셀렘은 어느덧 사라지고 만다.

유튜브 연애 코칭 전문가들은 권태기를 극복하는 방법으로

첫 만남, 첫 데이트, 첫 여행 같은 처음 기억들을

떠올려보라고 조언한다.

일찍 결혼해 벌써 두 아이를 둔 친구는

부부란 추억으로 사는 것 같다고 했다.

살다 보면 현실에 찌들 수밖에 없지만

그래도 결혼생활을 지탱해주는 건

처음에 좋았던 그 기억들 덕분이라고.

유튜브로 기록을 해야 하는 이유

남는 건 사진밖에 없다지만

사진보다 더 좋은 기록 수단은 **영상**이다.

사진은 한 순간의 단편적인 기록에 지나지 않지만

영상은 나의 움직임, 그의 목소리,

우리들의 행복했던 순간이

살아있는 것처럼 생생하게 기록된다.

최근 많은 이들이 일상을 기록하는 용도로

유튜브를 시작하고 있다.

지금 내 옆에 사랑하는 사람이 있다면,

소중한 아이가 있다면,

놓치고 싶지 않은 순간이 있다면,

유튜브로 기록해보자!

남는 건 사진밖에 없다지만
사진보다 더 좋은 기록 수단은 영상이다.
사진은 한 순간의 단편적인 기록에 지나지 않지만
영상은 나의 움직임, 그의 목소리, 우리들의 행복했던 순간이
살아있는 것처럼 생생하게 기록된다.
최근 많은 이들이 일상을 기록하는 용도로
유튜브를 시작하고 있다.
지금 내 옆에 사랑하는 사람이 있다면,
소중한 아이가 있다면, 놓치고 싶지 않은 순간이 있다면,
유튜브로 기록해보자!

조금은 특이한 목적으로
일상을 기록하는 채널도 있다.
유튜버 멸치는 살을 빼기 위해서가 아니라
살을 찌우기 위해 기록한다.

멸치의 자기소개를 보자.

살면서 38kg 넘어본 적 없고
항상 34~36kg에서 왔다 갔다 해요.
마르고 살 안 찌는 게 엄청 스트레스지만
어디 말할 곳도 없고 너무 답답했어요.
이번엔 꼭 45kg까지 늘리고 그만둘 거예요. (제발)
그래서 중간에 포기하지 않으려 저의 일상을 기록하고자
유튜브를 시작하게 되었습니다.
지금부터 시작되는 저의 일상을 함께해주⋯실⋯래⋯요?

그는 아무리 먹어도 살이 찌지 않는 특이 체질이다.
영상에는 아침 일찍 일어나 단백질 식사를 하고
근력 운동을 하고 퇴근 후 저녁을 챙겨 먹는 일상이 그려진다.
35.6kg으로 시작했는데 석 달 만에 2kg이 늘었다.
구독자도 6만 명을 돌파했다.
구독자들은 멸치가 살이 찌기를 간절히 바라고 또 응원한다.

그의 기록은 단순한 기록을 넘어 한 편의 리얼 다큐다.

내 안의 일상 리얼 다큐는 무엇인가?

이를 과감히 꺼내 유튜브로 기록해보자!

편집에 목숨 걸지 마라
★ 볼 사람은 다 본다

유튜브의 진입장벽이 낮다고는 하지만
블로그나 인스타에 비하면 높은 편이다.
이유는 촬영과 편집 과정이 필요해서다.
글은 그냥 쓰면 된다.
블로그 포스팅에도 설명을 돕는 이미지가 들어가긴 하지만
기본은 머릿속에 떠오르는 생각을 글로 옮기는 작업이다.
하지만 영상은 일단 원하는 장면을 찍어야 하고
이를 편집으로 가공한 뒤 완성해야 한다.
(글쓰기가 어렵다면 영상 편집 노가다) 😫

같은 내용이라도
글로 표현하는 것과 영상으로 보여주는 것은 다르다.
쉬운 비유를 들자면,
글쓰기는 평소 쓰는 컵에 물을 담기만 하면 되는데

영상은 물컵을 매번 새로 만들어야 한다.

글을 쓰기 위해 언어를 다시 배울 필요는 없지만

유튜브 영상은 **편집이라는 새로운 언어**를 배워야 한다.

(글을 잘 쓰려면 문재가 필요하듯, 편집을 잘하는 것도 감각이 요구된다)

편집, 어디까지 할 것인가

일반인들이 느끼는 편집 부담은 상상 이상이다.

(첨엔 나 또한 그랬다)

기대치도 높은 편이다.

자기가 찍은 영상도 지상파 정도의 퀄리티가

나와줘야 한다고 생각한다.

하지만 내가 매일 보는 프로처럼

영상을 만들 수 있다면 이미 그 길로 나갔어야 맞다.

아직까지 영상 편집으로 밥벌이를 하고 있지 않고

흥미조차 없다면

편집이라는 언어에 재능이 있다고 말하기 어렵다.

그런데도 고퀄리티 영상에 욕심을 낸다면

피곤해지는 건 본인이다.

편집에 대한 부담을 덜려면

먼저 편집에 대한 관점부터 바꿔야 한다.

영상 편집은 그 자체로 목적이 아니다.

안타깝게도 잘된 편집과 조회 수가 비례하는 것은 아니다.
하지만 대개는 편집이 열일을 한다.
특히 재미를 추구하는 영상일수록 편집의 중요성이 커진다.
많은 유튜버들이 나중에는 편집자를 구하더라도
직접 편집을 할 줄 알아야 한다고 말한다.
구독자가 최소 10만이 되기 전까지는
직접 편집을 하라고 조언한다.
유튜브가 대세가 되면서 영상 편집자들의 몸값도 껑충 뛰었다.
이젠 편집만 잘해도
웬만한 직장인 연봉 정도는 벌 수 있는 시대다!!

내 **콘텐츠를 전달하기 위한 수단일 뿐**이다.
이는 유튜브 선배들이 이구동성으로 하는 조언이다.

인터뷰를 했던 유튜버들 중에
콘텐츠보다 편집이 중요하다고 말하는 이는
단. 한. 명. 도 없었다.
심지어 편집 시간이 1시간도 안 걸린다는
유튜버도 꽤 많다.
(진심 가성비 갑!) 👍
영상미를 추구하며 매번 영상에 공을 들이는 유튜버들마저
"편집이 최우선은 아니다"라고 했다.

실제로 성선화TV에서 조회 수가 잘 나온 영상들을 보면
편집 없는 실시간 영상들이 많다.
특강하는 모습을 그대로 담은 영상이나
같은 모임을 하는 사람과 경제를 전망하고
분석하는 영상 등이다.
이들 무편집 라이브 방송의 조회 수가
공들인 편집 영상보다
더 높다는 건, 한편으론
편집을 잘하겠다는 의욕은 떨어뜨리지만
또 다른 한편으론 고무적인 결과다.
(공들여 편집을 안 해도 되니까!)

콘텐츠의 핵심, 무엇을 줄 것인가

유튜브로 돈을 벌려면
그 본질을 꿰뚫어야 한다.

우리가 유튜브로 돈을 버는 이유는
구독자의 시간을 사오기 때문이다.
아무리 시간이 남아돈다 해도
그만한 가치가 있어야 시간을 들여 영상을 본다.
결국 얻을 게 있어야 한다.
재미, 감동, 정보 등
무언가는 확실하게 줄 것이 있어야 한다.

성선화TV의 구독자들이
보겸TV나 양팡 YangPang 채널의 재미를
기대하진 않을 것이다.
그들이 내게 기대하는 건 **정보와 노하우**다.
그러니 편집하지 않은 불친절한 영상이라도
정보와 노하우 경쟁력만 있다면
기꺼이 볼 자세가 돼 있는 것이다.
(물론 여기에 편집까지 잘되면 금상첨화겠지만!)

편집 부담만 줄어도
마음이 한결 편해진다.
당신이 유튜브를 시작하지 못하는 것은
편집을 못해서가 아니라
콘텐츠가 없어서다.

편집 걱정을 하기 전에
무엇을 줄 것인가를 고민하는 것이 먼저다.

섬네일이 다 한다
★ 아묻따 섬네일

섬네일이 중요하다는 건 유튜브 초보도 다 아는 상식이다.
하지만 개인적 경험에 따르면 섬네일을 잘 만든다는 건
그렇게 쉬운 일이 아니다.
누구나 섬네일을 잘 만들고 싶지만
의욕처럼, 생각처럼 잘 되지 않는다.

나는 왜 섬네일을 잘 못 만드는가

시선을 끄는 섬네일을 만들려면
마인드 세팅부터 바꿔야 한다.

마인드 세팅?

뭐가 그렇게 거창하냐고 하겠지만

진심 그렇다.

글은 제목이 다 하고 영상은 섬네일이 다 한다.
유튜브는 영상 매체이기 때문에 제목보다 섬네일이다.

구독자들의 머릿속에
어떤 이미지를 넣어야
내 영상의 **의미를 잘 전달할까?**
를 연구하고 고민해야 한다.

구독자를 끄는 섬네일은 보겸TV를 참고하면 좋다.
(개인적으로 보겸 캐릭터를 선호하진 않지만
구독자가 340만 명이면 분명히 배울 점이 있다)

《유튜브 구독자 100만 만들기》를 보면
보겸이 섬네일에 얼마나 공을 들이는지 알 수 있다.

그는 단도직입적으로 말한다.
"섬네일에 어그로는 필요합니다.
정직은 미덕이 아닙니다.
호기심을 끌고 볼거리를 제공해야 합니다."
그는 섬네일에 많은 설명을 넣지 않는다.
아주 단순하게 사진 한 장으로 의미를 전달하는 데 집중한다.
AV 배우 시미켄을 만났을 때는

본인의 사진과 배우의 사진 달랑 두 장만 사용했다.
심지어 섬네일에 자막이 없는 경우도 있다.
'성적표가 보여주는 300만 유튜버가 되는 비밀' 영상은
생활기록부를 보는 그의 사진으로 제목을 대신했다.
그는 말한다.
"이 사진 한 장이면 족하지 무슨 설명이 필요한가요?" 👍

처음 영상을 만들 때엔 머리로만 중요성을 이해했다.
하지만 업로드 횟수가 점점 늘면서 중요성을 절감한다.
개인 채널에서 처음으로 섬네일에 공들인 영상이
'하루에 3만 원 절약법'이다.
섬네일 사진으로 도시락 먹는 장면을 선택했다.
점심 도시락을 싸 다니면서 점심값을 절약한다는 메시지다.
실제로 이 영상은 조회 수가 높게 나왔다.

유튜브 채널 근황 올림픽을 만든 후배 기자들이
우리 부서로 와 첫 회의를 하는 날이었다.
이들은 새로운 채널을 구상 중이었는데
다양한 아이디어를 제시했다.
그중 한 후배가 말했다.
"한국에 존재하는 각종 신기한 기록들을 보여주는 진기록은
섬네일이 확실히 나올 것 같습니다."

섬네일이 확실히 나올 것 같다는 멘트를 듣는 순간,

'얘네들 유튜브 좀 아네'라는 생각이 들었다.

마음먹는다고 하루아침에 잘 만들 순 없지만

생각의 우선 순위를 바꿀 필요는 있다.

영상을 찍어놓고 섬네일을 생각하는 게 아니라

섬네일을 먼저 생각하고

영상을 찍자!!

선제목 후영상
★ 영상보다 제목

경제방송 유튜버 신사임당과의 인터뷰는 우여곡절이 많았다.

(열악한 야외 녹화 환경에서) 3시간 이상 찍었건만

3분의 2 이상의 오디오가 날아가버린 것이다.

그나마 다행인 건 중요한 부분은 살아있었다는 점이다.

(4장 유튜버 인터뷰에서 자세히 소개)

"인터뷰는 제목이죠! 이런 제목 어떨까요?"

'30대가 알아야 할 재테크의 모든 것.'"

그렇게 외치더니 신사임당은 오히려 내게 질문을 했다.

"그런데 30대 재테크에서 제일 중요한 게 뭘까요?"

나는 1초의 망설임도 없이 대답했다.

"결혼이죠." (그래서 아직 싱글인가 ㅠㅠ) 😭

말이 좋아 싱글 재테크지 그건 온전한 재테크가 아니다.

누굴 만나느냐에 따라 대박이 나기도 하고 쪽박을 차기도 한다.
신사임당 역시 성공의 숨은 공로자로 배우자를 꼽았다.
그는 무릎을 탁 치며 제목을 수정했다.
"30대, 재테크보다 중요한 것!"
신사임당 인터뷰 영상의 제목은 이렇게 정해졌고
유튜버 인터뷰 영상 중에 가장 높은 조회 수를 기록했다.

제목이 다 했다

신사임당의 제목 달기 노하우는,
무조건 쉽게!
모든 이의 눈높이에 맞게!
(사실 그와의 인터뷰에서 개인적으로 가장 많이 배운 건,
유튜브에 맞는 제목 달기다) 👍🏼

그는 제목을 달 때는
'지식인의 함정'에 빠져선 곤란하다고 했다.
그를 만나기 전까지 찍은 성선화TV의 제목을 훑어보곤
"선배님, 제목이 너무 어렵네요"라고 지적했다.
그도 그럴 것이 '미국 채권', '보험' 등등
기사 같은 제목들을 달아놓았다.

dr토리파 역시 성선화TV의

'대학로 셰어하우스 탐방'을 보고
제목이 어렵다고 했다.
'대학로, 이 방에 이 가격 실화?'
같은 제목이 낫겠다는 조언을 했다.

나는 신사임당의 영상이 잘되는 이유 중 하나가
모든 이들의 관심을 끌 만한 제목을 잘 달기 때문이라고 본다.
실제로 인터뷰 이후 그의 채널에 출연한 적이 있다.
6개월에 천만 원을 만드는 프로젝트를 주제로
짠테크에 대해 얘기했는데,
그의 제목을 뽑는 스킬에 감동받았다.
섬네일 제목이
'월 소득 300만 원?'이었다.
대한민국에 월급 300만 원인 사람이 얼마나 많은가!!
정확히 대중의 눈높이를 저격한 것이다.

전문 지식을 가진 유튜버들은
자신이 아는 것을 구독자들도 알 것이라고 착각한다.
자신에게 중요한 것이
구독자들에게도 중요할 것이라고 여기기 쉽다.

하지만 유튜브 세상의
최우선 순위는 '구독자'다.

그들의 눈높이에 맞는 제목이 필요하다.

또 다른 유튜버 역시 같은 지적을 했다.

사실 말이 쉽지 제목을 잘 정하는 건 쉽지 않다.

이럴 땐 신사임당의 노하우를 훔쳐오자.

그는 영상을 찍기 전에 **제목 먼저 정한다**고 했다.

실제로 그의 휴대전화에는 머릿속에 떠오르는 영상 제목들이

기록돼 있었다.

떡상을 원한다면

섹시한 제목부터 달고 시작하라!

▼ **섬네일은 이렇게 쓰자!**

구독자가 왕이다
★ 댓글로 소통하라

경제 패러다임이 바뀌면서
공급자와 소비자의 주객이 완전히 전도됐다.
공급자 중심인 제품경제 시대엔
'어떤 제품을 팔 것인가'가 가장 중요한 이슈였다.
하지만 구독경제 시대에
모든 재화와 서비스의 우선 순위에 고객이 있다.

《구독과 좋아요의 경제학》은 제품경제 시대의 종말을 고하며
이제 고객의 시대가 왔다고 선언한다.
저자 티엔 추오는
'고객이 전부다'라는 마인드의 전환이 필요하다고 강조했다.

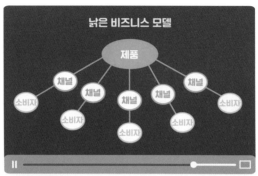

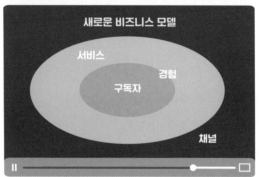

출처: 《구독과 좋아요의 경제학》

댓글 무시하지 마라

유튜브 채널을 만들 때도 '구독자가 전부다'라는
마인드가 중요하다다.

누가 나를 보는가?
내 구독자들의 특징은 무엇인가?
그들은 무엇을 좋아하는가?

유튜브 분석 시스템은

구독자에 대한 기본적인 정보를 제공한다.

성별, 나이, 평균 시청 시간, 유입 검색어 등등.

하지만 내 구독자를 알려면 이 정도로는 부족하다.

그들의 특성과 기호, 내 영상에 대한 반응까지 알아야 한다.

이때 가장 활용하기 좋은 수단이 **댓글**이다.

유튜브에서 댓글은 구독자와 소통하는

가장 중요한 통로가 된다.

댓글 하나하나를 소중하게 생각해야 채널을 키울 수 있다.

스타 유튜버들도 초창기엔 댓글을 전부 읽고

대댓글까지 달았다고 했다.

내가 잘나서 구독자가 많은 게 아니라

구독자가 있기에 내가 있다는 인식의 전환이 필요하다.

어느 정도 구독자가 늘면

내 채널의 구독자만을 부르는 애칭을 만드는 것도 필요하다.

예를 들면,

보겸TV의 구독자들은 가조쿠.

혼한남매의 구독자들은 나하.

유나TV의 구독자들은 구르미.

심지어

장성규의 워크맨은 구독자들을 'JOB것들아'라고 부른다!!

유튜버가 구독자들의 이름을 불러줄 때,

그들은 유튜버의 **충실한 팬**이 된다.

댓글의 또 다른 효용, 아이템 블랙박스

댓글의 활용도는 상당히 높은 편인데,

아이템 블랙박스의 역할도 크다.

〈그것이 알고 싶다〉 콘셉트의 채널 진용진의

댓글은 영상 콘텐츠의 마르지 않는 샘물 역할을 한다.

유튜브 각이 안 나오고 소재가 고갈됐을 땐

진용진의 댓글을 정독해볼 만하다.

그의 채널 댓글을 읽다 보면

기상천외한 아이디어들이 다 모여 있는 느낌마저 받는다.

댓글을 아이템 블랙박스로 활용할 때

좋은 점은 **소재 고갈의 걱정이 없다**는 점이다.

유튜버들이 늘 우려하는 점이 지속 가능성이다.

처음엔 신박한 소재로 반짝 인기를 끌 수 있지만

시간이 지날수록 콘텐츠가 고갈되면

조회 수가 떨어질 수밖에 없다.

하지만 댓글이 활성화되면 아이템이 끝없이 공급되니

이보다 좋은 일도 없다.

역발상의 관점에서 악플도 좋은 소재가 된다.

최근 악플 읽기가 유행하고 있는데,

이 또한 유튜브만의 독특한 소통 방식이라 할 수 있다.

대부분 유명인들은 악플러와의 전쟁을 벌이지만

유튜버 스타들은 악플을 콘텐츠로 승화해

정. 면. 돌. 파. 해나간다.

댓글들은 **보물창고 같아서 1도 버릴 게 없는 것**이다.

대본 짜지 마라
★ 어차피 콘티대로 안 된다

지금까지 수많은 이들을 인터뷰했지만
수첩 꺼내들고 정색하며 인터뷰한 적이 거의 없다.
인터뷰를 할 때 필기를 잘 하지 않는다.
가끔 인터뷰어들은 이런 질문을 한다.
"성 기자님, 근데 필기를 안 하시네요?!
내용을 어떻게 다 기억하세요?"

사실 모든 인터뷰 내용은 기억하지 못한다.
다만 머릿속에 남은 '강력한 메시지'만 기억한다.
2시간이 넘는 긴 인터뷰에서도 정작 기사가 되는 건
단 한 줄이다.

내가 글을 쓰기 전 주로 하는 작업은 명상이다.

내가 하고 싶은 말이 뭐지?

내가 진짜 전하고 싶은 핵심이 뭐지?

그걸 어떻게 전달하는 게 가장 효과적이지?

눈을 감고 생각을 하다가 머릿속에 떠오르는

첫 문장이 생각나면 바로 글을 쓰기 시작한다.

그래서 떠오르는 첫 문장이 내겐 가장 중요하다.

(마치 유튜브의 섬네일처럼)

지난 2011년 이후 꾸준히 책을 써온 비결도

효율적인 글쓰기 덕이 아닌가 한다.

계획대로 되는 일? 그런 게 있나

그런데 보겸이 쓴 《유튜브 구독자 100만 만들기》에도

비슷한 작업방식이 나와 흠칫 놀랐다.

그는 콘티를 짜지 않는다고 했다.

콘티가 없으니 **당연히 대본도 없을 것!**

(물론 충주시 유튜브도 그랬지만, 보겸TV는 구독자가 340만 명이다!!)

영상 제작을 해본 사람들은 알겠지만

대부분은 콘티라는 걸 짠다.

신채널구축팀에서 〈먹타뷰〉라는 프로를 론칭했는데

담당 PD님이 깨알 같은 콘티를 짜왔던 기억이 생생하다.

한강 둔치에 가서 시민들의 고민을 듣고

이를 해결해줄 만한 음식을 먹는다는 콘텐츠였는데
대본대로 흘러가지 않았고 촬영은 즉흥적으로 이뤄졌다.

보겸의 책을 읽고 든 생각은
'타고났다'는 것이다.
재능을 타고난 사람들은 직감으로 일을 하지
계획으로 하지 않는다.

유튜브 영상에도 타고난 감각이 필요하다.
더 정확히 말하면 머릿속으로 콘티가 짜지고
대본 없이 현장에서 진짜 텐션으로 티티타카를 할 수 있다면
그는 타고난 유튜버다.

스스로 콘티와 대본 없이 찍을 수 있는 영상이
무엇인지를 생각해보자.
스냅타임에서 론칭한 깔깔시스터즈는 녹화할 때도
대본 없이 한다. (이후 자세히 설명)
대본 없이 녹화가 가능해야 **진짜 자기 영상**이다.

존버가 답이다
★ 뜰 놈은 뜬다

적당한 비유가 될지 모르겠지만,
내겐 5년이 된 여성 재테크 모임이 있다.
지난 2014년 첫 모임 이후
우여곡절은 있었지만 꾸준히 이어지고 있다.
우리는 한 달에 한 번씩 모여 다양한 활동들을 한다.
외부 강사를 초빙해 특강을 듣기도 하고
멤버들이 돌아가며 자기 분야 관련 얘기도 하며
때론 독서 토론도 한다.

하지만 처음 모임을 결성했던 취지에
딱 맞아 떨어지진 않았다.
당시 내가 의도했던 건
서로에게 직접적인 도움을 주는 것이었다.
하지만 그러기엔 우리가 아직 젊. 었. 다.

30대 초중반이 주축으로
회사 내에서 중간 관리자 직전의 실무자급이 대부분이었다.

그래도 15년 후를 내다보고 만든 모임이기 때문에
나는 언젠간 우리에게도 좋은 날이 오리라 믿었다.
기대치도 않았던 변화는 올해 중순부터 생겼다.
5년이란 시간이 흐르면서 모임이 정체기에 빠져들 즈음,
한 친구가 1일 1독서를 제안했다.
다들 열심히 사는 친구들이었기에 즉각적인 반응이 왔다.
같이 한번 해보자며 으샤으샤하는 분위기가 됐다.
그. 때. 이. 후.
우리는 매일 단톡방에
자신이 읽은 책과 운동량 등을 올려 인증을 하고 있다.

(이건 마치 '6개월에 천만 원 만들기' 방에서 가계부 인증샷을 올리는 것과 같다)

요즘은 서로가 서로에게 받는 긍정 에너지가 엄청나다.
매일 다른 멤버들의 독서량과 운동량을 보고
새로운 자극을 받는다.
중요한 점은 우리가 이렇게까지 공통의 목표를 찾고
서로에게 긍정 바이브를 주기까지
무려 5년이란 세월이 걸렸다는 사실이다.
이미 초창기 원년 멤버들은 남아 있지 않고
멤버 교체도 여러 번 있었다.

친절한 성 기자의 유튜브 재테크

"내가 내 꿈을 배반하지 않으면
내 꿈도 나를 배반하지 않는다."

세상에서 가장 힘든 것이
언제 올지 모를 그날을 기다리며
묵묵히 참고 인내하는 것이다.
그런데도 끝까지 참고 기다리다 보면
언. 젠. 간.
내가 바랐던 **그날은 오게 돼 있다.**

백종원이 아닌 이상

유튜브도 마찬가지다.
채널이 진가를 발휘하고 인정을 받기까지는
인내하고 버티는 과정이 필요하다. (백만 번 강조)
우리가 연예인이 아니고 백종원이 아닌 이상
하루아침에 100만 구독자가 생기진 않는다.

실제로 지금은 구독자 수가 4만 명을 돌파한
전인구경제연구소는 100개 이상의 영상을 올리기까지
구독자가 천 명도 안 되는 힘든 나날을 보냈다.
하지만 그는 포기하지 않고 꾸준히 영상을 올렸다.
(영상이 100개나 됐지만 처음 시작한 나보다도 구독자 수가 적었다)

그러던 어느 날 그에게도 봄날이 왔다.

그날도 그는 엄청 피곤했지만

당시 한창 이슈가 됐던 환율 관련 영상을 올리고 잤다고 한다.

그런데 자고 일어나보니 대박이 터져 있었다.

조회 수가 폭발하고 구독자 수가 급증하면서 떡상을 한 것이다.

하루 사이에 구독자가 1만 명 이상 증가했다. 👍

그는 말한다.

"언제 뜰지 아무도 몰라요! 끝까지 버티세요."

(전인구 만만세!)

인터뷰를 했던 많은 이들이

구독자 한 명이 아쉽던 서러운 날들이 있었다고 고백했다.

아무리 열심히 공들여 영상을 올려도

묵. 묵. 부. 답. 무반응이던 시절이 있었다고 했다. 😑

심지어 셀프 스타일링 이폼의 오민아 씨는

"울면서 버티는 날들이었다"고 회상했다.

피나는 노력으로 채널을 키운 씨쿠니는 1년 동안

구독자가 1만 명이 채 되지 않았다.

(현재 구독자 수는 9만 명. 의지의 한국인)

그에게 긴 어둠의 터널을 버틴 비결을 물었다.

친절한 성 기자의 유튜브 재테크

"사실 그 정도 구독자 수면 중간에 그만둘 만도 한데……
어떻게 버텼나요?"
"주변 지인들 덕분이죠. 제 영상을 본 사람들이
'영상에 대한 감각이 있다'고 격려를 많이 해줬어요.
그 말에 용기를 냈고 끝까지 포기 안 할 수 있었어요."

노력해서 쌓은 공든 탑이 더 단단한 법이다.

꾸준히 콘텐츠를 쌓아가다 보면
내게도 **눈뜨면 스타**가 되는 날이
언. 젠. 간. 찾아올 것이다!

MCN 꼭 필요할까

★ 장단점 전격 비교

전업 유튜버가 되겠다면 언젠간 선택해야 할 게 있다.

MCN과 손을 잡을 것인가?

만약 잡는다면 어떤 MCN과 잡을 것인가?

'다중채널네트워크(Multi Channel Network)'라는 뜻의 MCN은

연예계로 치면 **기획사와 비슷한 개념**이다 .

MCN과 기획사의 공통점은

'크리에이터들의 활동을 지원한다'는 것이다.

MCN과 계약을 맺으면 다양한 지원이 제공된다.

먼저 영상 제작에 대한 **편의 제공**이다.

전용 스튜디오를 제공하고, 크로마키 장비, 녹음 부스,

촬영 소품 등을 사용할 수 있도록 배려한다.

이외에 음원 저작권 지원은 물론

다양한 저작권 콘텐츠를 지원해준다.

(이 부분은 상당히 중요하다. 영상에 사용되는 음원의 저작권이
유튜브 수입에 영향을 미치기 때문이다)

그런데 사실 이런 부분은 어느 정도까지는
개인이 해결할 수 있다.
가장 직접적인 혜택은 **광고 수주**와 **지원**이다.
MCN은 크리에이터를 대신해 광고를 수주하고
수익을 배분한다. (계약 조건에 따라 상이)
해외 진출의 경우 네트워크를 소개하고
자막 서비스도 도와준다.
대외 홍보도 MCN의 중요한 역할 중 하나다.
대형 MCN 소속 유튜버들에게 연락을 하면
홍보 담당자를 연결해준다.
한 마디로 MCN이 하는 일은 다양한 **인프라 제공**이다.

최근에는 종합 MCN 외에
한 분야에 특화된 MCN의 역할이 두드러지고 있다.
뷰티 MCN 레페리는 초보자를 위한
뷰티 유튜버 양성반을 운영한다.
레페리와 함께 4년째 일하고 있는 뷰티 유튜버 데이지는
초보라면 혼자 하기보단
처음부터 체계적인 교육을 받는 것도 방법이라고 말했다.

MCN의 유튜버 발굴 조건

국내 1위 MCN인 다이아TV는 현재 1,400여 팀의

유튜버들과 제휴를 맺고 있다.

(이들과의 제휴를 통해 애드센스 수익을 공유한다)

다이아TV 홈페이지에는 제휴 유튜버 목록이 게재돼 있다.

대도서관

하늘

허팝

씬님 등

이름만 들으면 알 만한 유명 유튜버들이다.

(사실 신속보단 파트너십)

하지만 유명 유튜버만이 다이아TV와

제휴를 맺을 수 있는 건 아니다.

구독자 천 명 이상에 4천 시간 이상 시청이면 된다.

다이아TV는

1. 콘텐츠의 지속 가능성

2. 채널의 성장 가능성

3. 창의성

4. 건전성

을 본다고 설명했다.

아무리 구독자가 많고 인기가 높아도

자극적인 콘텐츠를 제작하는 유튜버와는 계약을 맺지 않는다.

최근에는 대형 MCN을 선호하지 않는 추세도 있다.

자유로운 콘텐츠 제작에 제약이 있을 수도 있어서다.

MCN이 직접적으로 영상 콘텐츠에 대한 제재를 하진 않지만

사회적 문제가 될 소지는 검토한다.

다이아TV의 경우 제휴 유튜버가 많다 보니

모든 영상을 모니터링하진 않는다.

일부를 샘플링해 문제의 소지가 있는 영상들만 검토한다.

특히 광고주와 연결된 브랜드 콘텐츠일 경우

사전 협의 및 검수를 거치게 된다.

MCN의 장단점은 분명하다.

MCN과 손을 잡은 것인가.

홀로 서기를 할 것인가는

전적으로 본인 판단의 몫이다.

나는 몰라도 구독자는 안다

★ 내 채널의 경쟁력은?

지금부터는 직접 유튜브 채널을 운영하면서

느낀 썰을 풀어볼까 한다.

개인 유튜브 채널을 시작한 건 올해 초다.

상당히 의욕적인 출발을 했지만 제대로 운영을 할 수가 없었다.

(3장 <나는 유튜브로 편집을 배웠다> 편에 자세히 소개)

그리고 회사 채널을 운영하게 됐는데,

신채널구축팀으로 발령을 받으면서다.

20대를 타깃으로 하는 **스냅타임 채널 리뉴얼 작업**을 맡았다.

지난 2018년 10월 처음 오픈한 스냅타임은

<이데일리>에서 젊은 독자층 확보를 위해

전략적으로 만든 채널이다.

그. 런. 데.

2019년 7월 첫 출근 날

구독자 수를 알고 약간은 충격을 받았다.

약 10개월간 100여 개의 영상이 업로드됐지만

구독자는 750명에 불. 과. 했. 다.

개인 채널의 구독자가 2천 명이 넘은 상황이었는데

회사 채널의 구독자가 1천 명이 안 된 것이다.

이것 참······ 난. 감. 하. 군! ◠‿◠

첫 일주일은 인턴 기자들과 하루 종일 회의만 했다.

그렇게 머리를 맞댄 끝에

3개의 영상을 업로드하고 구독자들의 반응을 보기로 했다.

스냅타임의 주 시청층은 10대 후반에서 20대 초반 여성이다.

실제로 **구독자 90%가 18~24세 여성**이다!

처음 올리기로 한 영상은

1. 홍대 진짜 파스타 – 결식 아동에게 무료로 파스타를 제공
2. 흑당 버블티 – 홍대를 돌면서 인싸들의 핫템인 버블티를
   직접 시음
3. 깔깔시스터즈 – 언니들의 재테크 조언

과연 이들에게 더 어필하는 영상은 뭘까?

홍대 진짜 파스타? 흑당 버블티? 깔깔시스터즈?

솔직히 알 수 없다!!
어떤 영상이 대박이 날지는 아무도 모르기 때문이다!!!

다양한 유튜버들을 인터뷰하며 이런 생각을 했다.
'구독자 중심의 영상을 만들려면
처음부터 미리 **정답을 정해놓으면 안 된다.**'
100만 유튜버도 떡상 영상을 감히 예측하기 힘든데
초보 유튜버야 말해 무엇하리!

많은 이들이 유튜브를 시작하며
자신만의 경쟁력에 대해 고민한다.
그런데 나만의 경쟁력은 혼자 머리 싸매고
고민한다고 알 수가 없다.
가장 정확한 건 **수요자들의 평가**다.
처음부터 한 방향을 밀기보다는,
구독자의 반응을 살피며 방향을 잡아나가는 게 좋다.

유명 유튜버들은 조회 수가 나오지 않을 때는
과거 가장 높은 조회 수의 포맷으로 다시 영상을 제작한다.
자신이 원하는 것이 아니라 수요자가 원하는 것이기 때문이다.

시쿠니의 경우 '구독자의 평가'를

귀담아 듣지 않고

자신의 원하는 콘텐츠를 고집했다가

빙~~~ 돌아온 케이스다. (시쿠니와 인터뷰는 큰 도움이 됨)

처음에는 IT 제품 리뷰로 시작한 시쿠니는

어느 날 미국에서 놀러 온 친구와의 삼겹살 먹방이 떡상을 했다.

하지만 그는 원래 했던 제품 리뷰를 계속했다.

그러자 다시 조회 수는 떨어졌고 구독자 수도 줄었다.

이후 그는 외국인이 출연하는 코믹 에피소드 방식으로

채널 방향을 전환했고 구독자들의 큰 사랑을 받고 있다.

시쿠니는 인터뷰에서 이렇게 털어났다.

"그때 그러지 말았어야 했는데,

그때 구독자의 목소리에 좀 더 귀를 기울였어야 했는데……."

감히 대박을 호언장담할 수 있는 시대는

이제 바이바이다.

정답은 수요자만이 알 수 있다!!

누가 나를 보는가
★ 구독자 맞춤형 영상을 제공하라

처음 업로드한 영상의 시청자들을 분석한 결과,
상당히 흥미로운 사실을 발견했다.
예상했던 것보다 훨씬 더 극명하게
시청자의 선호도가 엇갈렸다.

나이와 성별에 따라 선호하는 콘텐츠가 이토록 다르다니!

경영학 시간에 배운 구체적인 '고객 세그먼테이션'이
"이래서 중요한 거구나"라는 깨달음이 왔다.

스냅타임의 주 구독자층인 18~24세 여성들은
'진짜 파스타' 같은 먹방 콘텐츠엔 반응하지만
'언니들의 재테크 조언'엔 아예 반응하지 않았다.
홍대 파스타 영상은 올리자마자 조회 수가 쭉쭉 올라간 반면 깔깔시스터즈는 큰 반향 없이 낮은 조회 수를 기록했다.
그나마 성과는 깔깔시스터즈 업로드 이후
새로운 구독자층이 유입됐다는 점이다.
그런데 이들의 주 연령층이 24~35세였다.
그러니까 재테크에 관심을 가지는 연령은
적어도 사회생활을 시작해
스스로 돈을 벌 때 즈음임을 알 수 있다.
20대 초반 대학생들에겐 재테크란 소재가
아직은 먼 나라 얘기인 듯했다.

깔깔시스터즈 가계부 공유, '참여를 유도하라'

나는 깔깔시스터즈를 두고 깊은 고민에 빠졌다.
깔깔시스터즈는 나와 '6개월에 천만 원 만들기'를 하는
재테커(재테크 하는 사람)들이 함께 출연해
실질적인 조언을 주는 콘텐츠다.

'깔깔'이란 이름의 탄생은
깔깔거리는 큰 웃음소리를 의미한다.
우리가 큰 소리로 깔깔거리며 잘 웃어서다.
첫 영상을 재테커들의 단톡방에 공유했을 때
반응이 상당히 뜨거웠다.
'재테크가 이렇게 재밌다니!'

각자의 관심사에 따라 반응이 극명히 엇갈리는 것이다.

이럴 경우 두 가지 방법이 있다.
첫째, 채널을 다시 파거나
둘째, 20대 초 구독자의 눈높이에 맞추거나.

현실적으로 채널을 다시 만들 수는 없었다.
그래서 선택한 것이 구독자와 비슷한 또래를
출연시키는 것이었다.
기존 멤버는 나이 차이가 컸다.
우리는 **20대 멤버를 영입**하기로 했다.
기존 깔깔시스터즈 멤버들이 돌아가면서 고정 출연을 하되,
주제별로 20대를 초빙해 그들과 호흡을 맞추는 방식이다.

그리고 구독자들의 적극적인 참여를 유도하기로 했다.
《유튜브 컬처》에는 입소문을 타는 영상의
세 가지 조건이 소개된다.
첫 번째가 **구독자의 참여를 유도하라!**
그래서 깔깔시스터즈 2회 〈가계부 공유해드림〉에서는
'구독'과 '좋아요'를 누르는 사람에게
가계부 파일을 공유하는 이벤트를 했다.
그리고 개인 블로그에도 영상을 올리고
구독 이벤트를 한다고 알렸다.

결과는?

대. 성. 공. 📖

'가계부 파일 드림 이벤트'로 구독자가 천 명을 넘어섰고
300개 이상 댓글이 달렸다.

이후 20대를 영입한 영상들도 처음보다 큰 호응을 얻었다.

이 같은 깔깔시스터즈의 성공은
한 가지 분명한 메시지를 전해준다.

자신의 전문성을 살리는 콘텐츠를 해야 한다는 것이다.
구독자층에 자신을 맞추는 것이 아니라,
자신의 강점이 무엇인가를 먼저 생각해야 한다는 것이다.
내가 재테크 전문 기자로 활동을 해왔고,
경쟁력이 있는 분야가 재테크인데
이를 떠나 엉뚱하게 다른 콘텐츠를 하는 건 어. 불. 성. 설!
기존에 쌓아온 브랜드와 콘텐츠를
어떻게 구독자가 원하는 방식으로 전달할지를 고민해야 한다.

〈이데일리〉에서 성공한 또 다른 콘텐츠는 '근황 올림픽'이다.
근황 올림픽은 잊힌 옛 스타들을 찾아가
그들의 근황을 듣는 콘셉트다.

문화부 후배들의 작품인데 구독자 수가 12만 명을 넘었고,
한 영상을 올릴 때마다 조회 수가 두 자릿수를 넘어간다.
최고를 기록한 조회 수는 300만 뷰가 넘기도 한다.

이 채널 역시 콘텐츠의 중요성을 일깨워준다.
후배들은 편집을 잘하지 못한다. (무시하는 거 절대 아님)
인터뷰를 하고 컷 편집만 해서 붙이는 수준이다.
그런데도 언론사 기자의 취재력을 십분 발휘해
유튜브 시장에 먹히는 콘텐츠를 생산한 것이다.

콘텐츠의 기본 출발은
나만의 차별화된 경쟁력이 무엇인가에서 시작된다.
나의 경쟁력이 무언지 너무 막막하다면,
사람들이 나에게 어떤 질문을 많이 하는지를 떠올리면 된다.
《엄마의 돈 공부》 저자 이지영 씨는
엄마들이 자신의 강점을 찾을 때
주변 사람들이 '**나에게 어떤 질문을 하나**'를 생각하라고 했다.

나의 경쟁력을 먼저 찾고,
그 뒤에 구독자와의 접점을 찾아
연결고리를 만들어야 하는 것이다.

성선화TV가 떡상을 못하는 이유

★ 말로는 누구나 100만 유튜버

지식으로 아는 것과 이를 실천하는 것은 또 다른 문제다.
직접 개인 채널을 운영하며 많은 유튜버들을 만났지만
그들에게 배운 깨알 같은 노하우를 바로바로 적용하진 못했다.
아마 이 책을 읽은 초보 유튜버들도
마찬가지일 것이다.

한 가지 통일된 정체성에 대해

많은 유튜버들이 처음에 듣는 조언이
채널의 정체성을 명확히 하라는 것이다.
그러니까 여러 주제를 중구난방으로 하지 말고
사람들이 직관적으로 보기에
채널의 정체성이 명확히 드러나야 한다는 것이다.
사실 그래야 구독을 누른다.

입장을 바꿔 생각하면 쉽게 이해가 된다.
여러분이 구독을 누를 때는
'지속적으로 내가 원하는 콘텐츠가 올라올 것 같다'라는
기대감이 들 때다.
하지만 중간중간에 내가 원치 않는 정보까지
같이 올라온다면……
아마 조금은 짜. 증. 이 날 것이다.

유튜브 세상의 구독자들은 냉정하다.
유튜버 사진찍는회계사YK를 인터뷰할 때,
무서운 구독자들의 '구독 취소 현상'에 대해 들었다.
원래 카메라를 리뷰하는 채널인데,
공모전 출품을 계기로 이어폰 영상을 올렸다.
그때 정. 확. 히. 구독자 200명이 떨어져 나갔다고 한다.

카메라 리뷰 보고 싶어 구독 중인데, 웬 이어폰??!!
에잇, 짜증나! 구. 독. 취. 소!! 😩

이런 반응이 나오는 것이다.

다시 내 개인 채널로 돌아가서
현재의 콘텐츠를 보면 크게 네 가지다.

첫째, 정기적으로 하는 생방송 ('6개월에 천만 원 만들기' 전용)

둘째, 유튜버 인터뷰

셋째, 개인 브이로그 & 팁

넷째, 행사 실시간 & 부동산 현장 탐방

이들 각각은 하나의 채널로 따로 파야 할 정도로
서로 다른 카테고리라고 할 수 있다.

하지만 직장생활을 하면서 유튜브를 하고 있기 때문에
이들 콘텐츠를 분리해 관리할 여력이 되지 않는다.
특히 모든 카테고리들이 각각의 이유로 필요하기 때문에
어느 하나를 버릴 수도 없다.

현실적으로 **가장 중요한 콘셉트의 통일이**
쉽지 않다는 결론이 나온다.

채널의 캐릭터화 쉽지 않은 이유

그다음으로 이를 극복하려면
채널의 **확실한 캐릭터화**가 필요하다.
네 가지 서로 다른 콘텐츠를 아우르려면
콘텐츠의 매력이 아닌 **'인간적 매력'**으로 승부를 해야 한다.

성선화TV의 구독자들이
보겸이나 양팡 채널의 재미를 기대하진 않을 것이다.
그들이 내게 기대하는 건 정보와 노하우다.
그러니 편집하지 않은 불친절한 영상이라도
정보와 노하우 경쟁력만 있다면
기꺼이 볼 자세가 돼 있는 것이다.
(물론 여기에 편집까지 잘되면 금상첨화겠지만!)

구독자층과 **긴밀한 유대감을 형성**하며

팬심을 만들고 그들과 지속적으로 소통해

그들이 나를 마치 **친한 친구처럼 느끼게** 만들어야 한다.

주변에서 실시간 생방송을 통해

이런 채널의 캐릭터화에 성공한 이를 꼽자면

복부인 김유라 씨다.

그는 매일 밤 11시 실시간 라이브를 하며 구독자들과

소통을 한다.

김유라TV의 주된 콘텐츠는 북 리뷰이지만

사람들이 그를 구독하는 이유는 실시간 방송 때문이다.

매일 밤 11시마다 라이브를 한다는 것은

정. 말. 이. 지. 쉽지 않다.

채널의 캐릭터화를 위해선

개인 브이로그나 팁들을 보다 자주 업로드할 필요가 있다.

하지만 나의 편집 여건상

개인 캐릭터가 드러난 영상은 100여 개 중 2개 정도다.

하루 종일 절약하는 모습을 담은 '짠순이 브이로그'와

주말에 하루 종일 피부 관리를 한 '동안 되고 싶니'

이 영상 정도가

성. 선. 화. 라는 캐릭터를 살린 영상이다.

나머지 유튜버 인터뷰나 재테크 팁들은
다른 사람들과 함께 등장하는 콜라보 형태가 많아서
구독자들이 나에 대해 느끼는 친밀도가 떨어질 수밖에 없다.
심지어 매주 하는 실시간 방송도
'6개월에 천만 원 만들기' 프로젝트를 하는
소수를 대상으로 하기 때문에
그 외의 사람들이 소외감을 느끼기에 충분하다.

벗어나기 힘든 지식인의 함정

현실적으로 캐릭터를 살리기 위해
바로 적용할 수 있는 콘셉트는
초보자들의 눈높이에 맞춘 재테크 정보 전달이다.
하지만 이 또한 쉽지가 않은데,
그 이유는 지식인의 함정 탓이 가장 크다.
(이미 여러 유튜버들에게 지적당함)
내게는 유튜브 시장에서 원하는 눈높이에 맞추고,
특히 이를 그들이 원하는 형태로
적당히 자극적이고 감정적으로 전달하는 게
매우 불편하고 익숙치 않다.

기자와 일반인의 결정적 차이는
기자들은 감정에 호소하는 글쓰기와 말을 극도로

꺼린다는 점이다.

수습기자 때부터 귀에 못이 박히도록 들었던 얘기가

"기자는 팩트로 말한다"는 것이다.

물론 지금은 가짜 뉴스가 판을 치는 세상이 되면서

기사에 대한 신뢰가 화악 떨어졌지만······

적어도 라떼는······ 라떼는 그. 렇. 게. 배웠다.

다른 경제나 재테크 채널들을 보면

전적으로 내 기준에선

팩트가 아니라 주장이고 '감정'이다.

특히 투자에 관한 얘기를 할 때는 조심스러울 수밖에 없는데

전문가인 내 입장에서 보면

경제 전문가가 **자기 주장을 드러내는 것은 위험하다.**

투자에 대한 판단은 전적으로 투자자 본인에게 있기 때문이다.

개인적으로 좋아하지 않는 제목이

'재테크를 하려면 반드시 알아야 할 ○○○'

'부자가 되려면 꼭 알아야 할 ○○○' 등이다.

그중에서도 걸리는 단어가 '반드시'와 '꼭'이다.

이런 극단적으로 강한 표현이 불편하다.

재테크 전문가 입장에서 볼 땐,

과연 그런 게 있을까?

라는 의문이 먼저 들기 때문이다.

하지만 반대로 구독자 입장에서 보면

그런 자극적인 제목들에 눈길이 가는 건 사실이다.

이런 어그로가 필요한데, 그게 쉽지 않다.

(물론 이해가 잘 안 될 수도 있지만)

얼마 전 이언주 의원이 조국 법무부 장관 임명을 반대하며,

삭발식을 거행했다.

다른 정치인들은 정치쇼라며 그를 비판했다.

하지만 나같이 정치에 관심이 없는 이들에겐

'이언주 의원의 의지가 굳건하구나'라는 생각이 들었지,

그가 정치쇼를 한다는 생각은 들지 않았다.

물론 정치와 재테크는 다른 차원의 문제지만,

그 정도로 해당 분야에 깊이 빠져 있는 사람과

이해관계가 무관한 3자의 입장은

관점의 차이가 크다.

성선화TV에 대한 이런 솔직한 자아비판은

이론과 실체가 이토록 다름을 보여주기 위해서다.

보겸의《유튜브 구독자 100만 만들기》를 읽는다고

누구나 다 잘할 수 있는 건 아니다.

(보겸 책이 도움이 안 된다는 얘기는 아님)

늘 그렇듯

남의 채널을 분석하는 건 쉽다.

말로 썰을 푸는 건 누구나 다 한다.

정작 어려운 것은,

이를 **실제로 적용하고 자기 것으로 만드는 것**이다.

유튜버 된다고 회사 때려치우지 마라
★ 직장인 VS 유튜버

후렝이TV의 김종후 씨는

싱글 재테크 모임을 같이 하던 사이였다.

그런데 어느 날 유튜브를 한다고

직장을 그만뒀다는 소식이 날아왔다.

헐……그 좋은 직장을 유튜브 한다고 그만뒀다구??

(이때까지 아재 마인드 ㅎ) 😃

그는 결국 우리 모임에선 나갔지만

어떻게 자알 지내고 있는지 궁금했다.

유튜버 한다더니 잘되고 있는 걸까?

인터뷰를 위해 그를 다시 만났을 땐

얼굴이 훨씬 좋아져 있었다.

(역시 회사를 그만둬야 얼굴이 피는 것인가?!!)

인기를 끄는 브이로그를 보면 평범 그 자체다.
주인공은 대부분 평범한 직장인들이다.

가끔 친구도 만나고, 병원도 가고, 운동도 하지만
똑같은 일상이 지속적으로 반복된다.

그런데도 구독자와 조회 수를 보면
자극적인 유튜브 콘텐츠에 밀리지 않는다.

1년 만에 구독자가 4만 명을 돌파했다니
정말 축하할 일이었다. (잘돼서 정말 다행 ㅎ)

전업 유튜브라면 주의할 점

가장 궁금했던 점부터 물었다.
"회사 그만두고 유튜브 하니까 어떤가요?"
"더 바빠졌지만 훨씬 나아요."
가장 좋은 점은 시간을 주도적으로 쓸 수 있는 점이라고 했다.
직장생활 할 때는 회사가 정해준 규칙대로 살아야 했지만
지금은 얼마든지 조율이 가능하다.
9시 출근해서 12시 점심시간, 6시 퇴근.
틀에 박힌 생활이 아니라
원하는 시간에 하고 싶은 일을 하는 게
가장 큰 장점이라고 했다!

하지만 단점도 있다.
하루 종일 혼자 편집만 하다 보면
성격이 약간 이상해진다(?)고 했다.
초보들이 편집을 하다 보면 밤을 꼴딱 새기가 일쑤인데
며칠 혼자 편집만 하면 진짜 이상해질 것도 같다.
그래서 일부러 약속을 잡아 사람들과 어울리려고
노력한다는 것이다. (이는 전업 유튜버들의 공통된 답변이다!)

친절한 성 기자의 유튜브 재테크

전업 유튜버들이 가장 경계해야 할 것은

번아웃증후군이다.

미친 듯이 열정적으로 작업하다가

어느 순간 아무것도 하기 싫은 무기력증이 생기는 것이다.

이런 번아웃증후군은

생각한 만큼 결과가 나오지 않을 때 더 심해진다.

몇 날 며칠 밤을 새워 자식 같은 영상을 올렸는데

묵

묵

부

답

노반응이라면 얼마나 허무할까?

많은 유튜버들이 초창기의 이런 시간을

가장 견디기 힘들었다고 회상한다.

문제는 누구나 이런 인고의 시간을 견딘다고 해서

성공한 채널이 되진 않는다는 점이다.

3년 동안 꾸준히 영상을 올리는데도

구독자가 500명뿐인 채널이 분명 존재한다.

유튜버 수익 월급보다 10배 많아도 직장 다니는 이유

반대로 구독자가 22만 명에 달해도
회사를 고수하는 유튜버도 있다.
JM이다. (4장 유튜버 인터뷰에서 자세히 소개)

그는 여전히 직장인이다.
정시 출근해 정시 퇴근하며
유튜브 제작은 퇴근 후 몰아서 한다.

그의 **유튜브 수입은 월급의 10배 이상**이다.

그런데도 **그가 직장을 계속 다니는 이유는 뭘까?**
그는 **정서적 안정감** 때문이라고 말했다!

4년차 유튜버인 그는 유튜브에는 굴곡이 있다고 했다.
잘될 때가 있으면 안 될 때도 있는 것이다.
지금 잘된다고 해서
영원히 잘된다는 보장이 없다는 것이다.

실제로 **유튜브 시장의 경쟁은**
그야말로 무한경쟁이다.

심지어 구독자 300만 명이 넘어도 안심할 수 없다.
예상치 못한 사건에 휘말려
구독자가 하루에도 수천 명씩 떨어져 나갈 수 있고
점점 트렌드에 뒤처지며 기억 속에서 사라질 수도 있다.

무한경쟁 시장에서 살아남으려면
직장인들보다 훨씬 더 많은 노력을 해야 한다.
잠시도 방심할 수 없다.

많은 크리에이터를 인터뷰하며 발견한 공통점은
심리적 불안감이다.
이는 사람이 인생을
자기 주도적으로 살 수 없을 때 나타나는 현상이다.

크리에이터가 겉보기엔 참 자유로워 보이지만
속내를 들여다보면 **보이지 않는 '인기'에
종속된 삶**인 것이다.

후랭이TV의 김종후 씨는 유튜버는 그 어떤 직업보다
자기 자신에게 집중해야 하는 직업이라고 충고했다.

세상에서 제일 어리석은 사람이 학원부터 등록하는 사람이다.
비싼 돈 내고 등록해놓곤 학원 빠지지 말고
유튜브부터 찾아보라.
영어부터 연애까지 세상의 모든 걸 가르쳐준다.
게다가 공짜다.
전문가가 돈 내고도 못 배울 지식을 전해주고
각 분야의 고수들이 경험에서 나온 꿀팁을 알려준다.

게다가 유튜브로 공부만 잘해도
내 숨은 재능이 발견되고
내 몸값을 올릴 비법도 떠오른다!

9350602

3

당신의 몸값을 높일 채널을 찾으세요!

유튜브에선 학원에서
돈 주고 배워야 할 전문적 지식들을
공짜로 배울 수 있다.

나는 유튜브로 연애를 배웠다
★ 죽은 연애세포 되살리기

유튜브 열공 중에 머리 식히기 딱 좋은 영상들이 있다.
바로 연애 꿀팁들을 전해주는 연애튜브들이다.
남녀를 막론하고 요즘은
연애세포가 죽은 청춘들이 워낙 많다 보니 답답함을
유튜브 연애고수들에게 하소연하는 것 같다!!

그. 런. 데.

연애튜브 본다고
실전 연애도
잘할 수 있을까?
아무튼.

연인 사이에 별 탈 없이 잘 지내려면

최근 연애튜브 중에서 떡상한 이는
김달이다.
거주지는 지방으로 추정되는데 새벽마다 라이브 방송을 하면
천 명 이상이 들어온다.

대애박!!! 👍

주 시청층은 10~20대 여성들이다.
가끔씩 남성도 있는 것 같다.
남친에 관한 상담이 많은데
내용은 모…… 다양하다. 👍

정말 신기한 점은 끊이지 않는 소재다.
'연애가 거기서 거기지. 소재에 한계가 있지 않겠어?'
라고 생각하면 오산이다.
사연이 워낙 많다 보니 새로운 콘텐츠가 계속 나온다.

최근 인기 영상은
'SNS 하나면 상대방이 어떤 사람인지 알 수 있습니다'
'만나야 할 남자 vs 만나지 말아야 할 남자'
등등이다.

최근 크게 와 닿은 영상이 있다.

'50대 인생 선배가 전하는 연애 조언'

대개 제목만 보는데 클릭까지 해서 영상을 봤다.
김달이 50대 선배를 만나 들은 연애관을 전해주는 내용이다.
남녀가 싸우지 않고 잘 지내려면 무엇을 해야 할까?
다양한 답변이 쏟아졌다.

신뢰

배려

이해

등등.

하지만 전혀 예상치 못한 대답이 돌아왔다.
연인 사이에 별 탈 없이 잘 지내려면

상대방이
싫어하는 걸
하지 않아야 한다!

순간, 머리가 띵~~

핵. 공. 감. 👍
그래!!!!

맞아 마자!!!!

유튜브 열공하며 본 영상 중에 가장 크게 공감한 것 같다.

연인들이 싸우는 다양한 이유가 있지만
가장 큰 원인은
내가 싫어하는 짓을
상대방이 하기 때문이다!!!

문제는
상대방이 그 짓을 꼭 하고 싶어 할 때다.
그 짓을 하는 게 나보다 더 중요해서
안 하고는 못 버티겠다면……
이때는 모……
출구가 없다.
다른 연인을 만나는 수밖에.

바람둥이 걸러내는 법

대부분 여성들의 관심은
나쁜 남자, 바람둥이를 알아채고 피하는 법이다.
(사실 이건…… 사주를 보면 가장 확실한데 ㅎㅎㅎ
모두가 사주를 배울 순 없으니 일단 패쓰)

바람둥이 감별법은

또 다른 연애튜브인 강탱TUBE의 영상을 보면

명쾌하게 정리가 된다.

한 구독자가 강탱에게 물었다.

"예쁜 여자 팔로우하고 몸매 좋은 사진에 '좋아요' 누르는

남친의 심리가 이해가 되지 않아요!!"

남친의 해명은

"별 거 아냐!"

"그냥 누르는 거야!!"

"인사일 뿐이라고!!!"

저얼대 큰 의미가 없다며

오히려 남자를 구속하는 쎈 여자로 몰아간다고 ㅜㅜ

(적반하장 어쩔……) 🫠

이때 강탱은 말한다.

진짜 사랑한다면

그런 행동은 하지 않습니다!

연애할 땐 다른 이성 때문에 싸우지 않도록 예의를 지키자!

라는 암묵적 룰이 있는데

다른 이성의 인스타에 가서 '좋아요' 남발하면서

"뭐 어때?"

"하고 싶으면 너도 해!"라고 한다면

이는 보편적이지 않은 '돌연변이 가치관'이라는 설명이다.

이런 연애튜브들의 장점은
아직 연애 경험이 부족해서 판단이 미숙한 1020대 남녀들에게
확실한 판단의 근거를 제공한다는 점이다.
만약 남친이 다른 여성 인스타에 '좋아요'를 남발하고
반대로 본 적도 없는 이성들이 그의 인스타에
'좋아요'를 누르고 있다면
깔끔하게 손절하고 차단하는 게 맞다!!
그는 바람둥이일 확률이 높고,
바람을 피우지 않는다 해도,
언제나 다른 이성에게 끼를 부려
문제의 소지를 제공하는 '질 나쁜 관종'이다.

50대 연애 상담이 가장 많은 이유

실제로 인터뷰를 했던 연애튜브는
미르코 씨다.
미르코의 생존연애TV 채널을 운영 중인
그와의 인터뷰에서 가장 인상적이었던 건
연애 상담 중에 50대가 가장 많다는 멘트였다.
처음 이 얘기를 듣고 귀를 의심했다.

"네??? 50대가 연애 상담을 한다구요??"

그와의 전화 연애 상담은 유료로 진행되는데

예약이 2주치나 밀려 있다고 했다.

그. 런. 데. 50대의 연애 상담은 1020대와는 차원이 다르다.

이들은 대부분 불륜이다……!!

ㅠㅠㅠㅠㅠㅠㅠ 😑

그의 설명에 따르면 한국 사회엔 나이에 맞춰

어영부영 결혼한 이들이 많은데

50대쯤 되면 현타가 오면서

괜히 엄한 사람하고 엮이게 된다는 것이다.

(아…… 슬픈 현실 어쩔…… ㅠㅠㅠ) 😑

그는 인터뷰 내내

결혼 자체가 목적이 돼선 안 된다고 강조했다.

결혼을 위해 연애를 하면 그 이후가 없다고 했다.

목적을 달성했으니 허무감이 밀려오는 것이다.

결혼은 목적이 아니라 연애의 결과다!

어쩌면 연애 소재는

1인 미디어인 유튜브와 찰떡궁합이 아닐까 한다.

팍팍한 현실 속에 연애 상담할 친구는 점점 줄고

어디 가서 물어보자니 너무 답답하고

이때 연애 고수들이 나타나

뼈 때리는 조언을 해주고 실제로 그게 도움이 된다면
연애튜브도 한번 볼 만하지 않을까?

애정전선에 문제가 생겨 전전긍긍하는 분들이 있다면
연애튜브 보며 인사이트를 얻어보는 것도 ㅎㅎ 😃

나는 유튜브로 예뻐진다
★ 피부과보다 유튜브

우리는 누구나 예뻐지고 싶다.
심지어 70대 할머니들은 한의원에 올 때
곱게 화장을 하신다는 얘기에 까암짝 놀란 적이 있다.
요즘은 화장하는 남자 그루밍족도 많다.

돈 쓰는 데 매우 까칠한 친절한 성 기자지만
과감히 지갑을 여는 분야가 있다.
바로 **피부와 건강**이다.
이 둘은 한 번 망가지면 나중에 돈이 더 든다.
좋을 때 **미리미리 관리하는 게 재테크**다.

그중에서도 피부에 유독 극성맞은 편이다.
20대 후반 이후 피부에 좋다는 건 거의 다 해봤다.
최신 레이저는 몰라도 옛날 레이저들은 이름만 들으면 다 안다.

(돈 아까울 때도 많았지만 그마나 했으니 이 정도라고 위안;;)

하지만 직업 연예인도 아니고

일주일에 2~3회씩 피부과를 다니며 관리한다는 건

거의 불가능하다.

(회사 일이 바빠지면서 더 힘들……) ⌒⌒

그래서 선택한 방법이 **홈케어**다.

피부과에 가지 않고 집에서 스스로 할 수 있는

방법들을 연구하기 시작했다.

유튜브에서 피부 관련 정보들을 찾기 시작했는데,

제일 먼저 구독한 채널이 뷰티 채널이 UNA 유나였다.

화장법보다는 기초 스킨케어 관련 꿀팁 등

실용적인 내용이 많아서 큰 도움이 됐다.

1일 1팩 효과 극대화

내 피부 관리 노하우 첫 번째는

1일 3팩이다.

아침저녁으로 반드시 팩을 해주고

화장을 안 한 날은 낮 시간대에도 틈틈이 팩을 한다.

(운전하면서 팩하기 신공!!)

이렇게 팩을 다량으로 소비하다 보니

데일리로 할 수 있는 저렴이 팩들을 주로 사용한다.

그런데 UNA 유나 채널에서 **저렴이 팩의 효과**를
200% 높이는 꿀팁이 소개됐다.
먼저 팩의 남은 에센스와 비타민C 가루를 섞어
얼굴에 바른 뒤 팩을 붙인다.
그런 다음 그 위에 랩을 덧씌워주면
수분 증발을 막아 효과를 극대화할 수 있다.

또 피부가 열을 받아 모공이 넓어진 느낌이 들 때는
얼음 롤러기로 마사지를 해주면 열감을 없앨 수 있다.
심지어 이 롤러기는 1만 원밖에 안 한다.

속이 예뻐야 피부도 예쁘다

피부가 좋다는 건 겉으로 보이는 것이지만
사실은 먹는 게 8할 이상이다.
평소에 늘 물을 많이 마시려고 노력한다.
기본으로 하루 2리터는 마시고 운동을 열심히 할 때는
그 이상도 마신다.
UNA 유나 채널은 이너뷰티도 강조하는데
미백주스와 동안주스를 즐겨 마셨다.
조리법은 아주 간단하다.
노화를 막아주는, 항산화 작용이 있는
블루베리와 요거트 그리고 아몬드, 카카오닙스 등을

섞어서 갈아 마시면 된다.

개인적으로 베리류 과일을 좋아하는데
눈 건강에 신경을 많이 쓰기 때문이기도 하고
실제로 피부가 좋아지는 효과도 봤기 때문이다.

최근 유나는
'내가 결혼을 안 하는 이유 & 마흔 생일을 보내는 법'
영상을 올려 구독자들의 큰 관심을 받았다.
그동안 나이를 한 번도 공개한 적이 없었는데
마흔 살이 넘었다는 사실에 다들 헉!! 했다.
그의 구독자는 주로
동안 가꾸기에 관심이 많은 30대 여성들이다.

자연 미인, 동안 미인이 되려면 꼭 봐야 할 영상

DAISY 데이지 채널도 35세 이상 여성 팬이 많다.
데이지 채널은 비교적 최근에 알게 됐는데
인터뷰를 한 이후 더욱 믿음이 가게 됐다.
데이지 역시 기초 스킨케어 관련 리뷰를 자주 업로드한다.
그의 채널의 알짜팁은 바로 마사지다.
(놓쳐선 안 될 꿀 떨어지는 팁!!) 👍

그는 에스테틱 전문가와 함께

직접 마사지 법을 개발한다고 했다.

얼굴선이 작아지는 5분 마사지.

긴 얼굴 짧아 보이는 5분 마사지.

힘없이 처진 얼굴을 개선하는 5분 마사지.

등등

실제로 그의 마사지를 따라 해본 결과는 놀라웠다.

아침저녁으로 5분만 투자해도

고가의 마사지숍에 가는 것과 비슷한 효과를 냈다.

(고가 에스테틱 더 이상 안 가도 됨)

물론 효과가 지속되지는 않기 때문에

꾸준히 오래 해줘야 한다.

무리하게 고가의 동안 리프팅 시술을 받는 것보단

꾸준히 스스로 동안 마사지를 해주는 게

훨씬 더 효과적이고 가성비가 높다.

화장품을 선택할 때도

뷰티 유튜버들의 팁은 도움이 된다.

초창기에는 피현정 씨의 **디렉터 파이** 채널을 참고했다.

(사실 요즘은 잘…)

뷰티 유튜버라고 하면 많은 이들이
떠올리는 채널이 RISABAE인데,
사실 그의 메이크업은 따라 해본 적이 없다.
(내 스탈은 아닌 걸로……)

메이크업 채널로는 오히려
남성인 함경식 채널에 소소한 팁들이 많아 참고한다.

나는 유튜브로 운동한다
★ 땅끄부부 왜 따라 하나

아주 예전에 운동 비디오가 유행을 했었다!!

한참 열심히 따라 했던 비디오가 모델 이소라.

아마도 이소라는 모델계의 시조새가 아닐까 한다.

(이 언니 요새 어케 지내나 궁금해서 찾아봤는데

마침 한 달 전에 유튜브 시작하심 ㅎ)

언제 어디서나 운동을

나는 매일 운동을 한다.

바쁠 때는 최소 30분 정도 유산소 운동을 하고,

여유가 있을 땐 2시간 이상도 한다.

하루 평균 운동 시간은 1시간 정도다.

운동에 워낙 관심이 많다 보니 웬만한 운동은 다 해본 것 같다.

요가는 기본이고 플라잉 요가,

필라테스, 발레, 헬스, 수영, 라이딩

심지어 봉 댄스까지. (봉 댄스는 유일하게 도전 실패 ㅠ)

그렇게 바쁜데 어떻게 운동을 하느냐는 질문을 많이 받는다.

하. 지. 만.

시간이 없다는 건 정말이지 새빨간 거짓말이다.

(시간이 없는 게 아니라 마음이 없는 거다)

특별한 상황이 아니라면,

하루 일과 중 최우선 순위를 운동에 둔다.

매일 이동 동선을 짤 때,

운동을 몇 시에 어디서 할지에 따라 스케줄을 정하는 것이다.

예를 들어 저녁 약속이 없다면

오늘 몇 시간 운동을 할지 결정한다.

체중이 좀 불어 감량이 필요한 타이밍이라고 판단되면

2시간 이상 운동을 한다.

약속 장소도 운동 장소와 최대한 가까운 곳으로 한다.

약속이 끝나면 바로 운동을 가기 위해서다.

만약 저녁 약속이 있다면 아침이나 점심 시간을 활용한다.

지금 사는 오피스텔 바로 밑에 피트니스센터가 있어서

아침 운동 시간을 확보할 수 있다.

집을 선택할 때 내부 피트니스센터를 가장 먼저 본다.

내부에서 바로 이용 가능한 헬스장이 없다면 제외 대상이다.

심지어 지역별로 피트니스센터를 등록해둔 적도 있다.
시간이 생기면 근처 피트니스센터로 바로 가기 위해서다.

운동에 쓰는 돈은 소비가 아니라 투자

이렇게 '미친 운동'을 하는 데
상당한 노력과 에너지가 든다. 돈은 두말할 것도 없다.
늘 강조하지만,
피부와 건강은 한 번 잃으면 돈이 더 많이 들기 때문에
나는 여기에 쓰는 돈을 소비가 아닌
투자의 개념으로 접근한다.
이런 내게 신세계가 펼쳐졌다.

바. 로. 유. 튜. 브. 다. 👍

가끔 집에서 홈트(홈트레이닝)를 하지만
유튜브 영상을 보고 따라 하진 않았다.
주로 수업 시간에 배운 운동을 기억했다가 혼자 해보곤 했다.
하지만 땅꼬부부 Thankyou BUBU와
제이제이살롱드핏 채널을 추천받은 이후
나의 운동 습관이 완죤히 달라졌다.
(그동안 운동에 쏟아 부은 돈이 아깝게 느껴질 정도!)
땅꼬부부는 일반인들도 알 정도로 유명한데

사실 그 이유를 잘 몰랐다. (얼핏 보기에 다 아는 운동처럼 보였고,
사실 땅끄부부의 체형이 운동 욕구를 자극하지 않는다)

그런데 '효과 만점 뱃살 빼기'
영상을 보고 따라 해본 이후 알게 됐다.
사실 그들은 대단한 비법을 알려주는 게 아니었다.
땅끄부부의 인기 비결은
쉽고 재밌게 따라 할 수 있는 운동 비디오이기 때문이다.

'효과 만점 뱃살 빼기' 영상을 보면
이날 할 운동에 대해 설명한 다음 두 세트를 더 진행한다.
30초씩 짧은 동작들로 돼 있어 초보자도 쉽게 할 수 있다.
게다가 아무리 운동이 하기 싫어도
땅끄부부가 함께하기 때문에 저절로 하게 된다.
예전에 운동 비디오를 보면서 따라 했던
바로 그 느낌이다.

사실 땅끄부부의 영상은
운동 전문가들에겐 조금 쉽게 느껴질지도 모르겠다.
하지만 초보자들에겐 효과 만점 운동 테크닉이 될 수 있다.

뱃살 때문에 고민이신 분들이 있다면,
땅끄부부의 뱃살 빼기 영상 강추!!

만약 힙업이 고민이라면 다른 유튜브 채널을 소개하고 싶다.
제이제이살롱드핏이다.
이 채널은 친구의 추천으로 보게 됐는데
사람들이 많이 볼 만한 이유가 충분히 있었다.

다양한 힙업 운동 영상들이 있지만
제이제이살롱드핏은 정확한 원리를 알려주는
극소수의 영상 중 하나인 듯하다.

제대로 힙업 운동을 하려면 무릎이 아니라
고관절을 움직이는 운동을 해야 하는데
그 원리를 제대로 설명하며 운동하는 법을 알려줬다.

실제로 영상을 따라 도전을 해봤는데
평소에 운동을 많이 하는데도 제대로 하기가 쉽지 않았다.

운동은 시간이 없어서가 아니라
마음이 없어서 못하는 것이다.

마음만 있다면
땅끄부부의 뱃살 빼기 영상을,
제이제이살롱드핏의 힙업 운동 영상을,
따라서 도전해보자!!

나는 유튜브로 공부한다
★ 백색소음 효과 톡톡

8년 전《빌딩부자들》의 집필 과정을 지금처럼
유튜브로 기록할 수 있었다면 어땠을까?
벌써 8년의 세월이 흘러 어렴풋하지만
설 연휴에 집필에 집중하기 위해
단식원에 입소했던 기억만은 생생하다.
(지금 다시 하라고 하면 저얼대 못할 거 같음) ⌣
출간 일정은 3월 초로 잡혀 있었고
평소엔 시간이 없다 보니 명절 연휴를 적극 활용해야 했다.

근데, 왜, 하필
단식원에 들어갔는지…….
아마 그때는 지금보다 훨씬 더 독. 했. 다.
(지금은 먹으면서 운동하는 다이어트 캠프에 입소한다)
3일을 단식원에서 먹지도 않고 책만 썼던 걸로 기억한다.

죽도록 힘들었던 감정은 뼛속까지 남아 있는데
기억은 어렴풋하게만 남아 있어 안타까울 따름이다.

같이하면 외롭지 않아요!

추석 연휴에 다이어트 캠프에 입소해 책을 쓰면서
(입소? 풉. 군대임?)
요즘 유행하는 '함께해요' 영상을 찍어봤다.
요즘 공부족들이 즐겨 보는 유튜브 영상이 바로
'함께 공부해요'다.
이 영상은 말 그대로 그냥 공부하는 영상이다.
아무 콘텐츠 없이 그냥 계속 공부하는 모습이 나온다.
각종 시험을 준비하는 사람도 있고
학과 공부가 빡센 의대생이나 법대생도 자주 등장한다.

사실 '공부해요'의 원조는
지금은 전업 유튜버로 전향한 **노잼봇 Nojambot**이다.
노잼봇은 노량진에서 자신이 공부하는 모습을 매일 올렸는데
너~~~~무 잘생겨서
대사 한 마디 없이
떡상을 했다.
(그때도 잘생겼는데, 지금은 더 잘생겨짐)

그 영상을 보면 정말이지 노잼봇이 하루 종일 공부만 한다.

그런데 나는 이렇게

공부하는 모습을 실시간 방송하는 이들의 심리가 궁금했다.

궁금한 건 못 참는 성격인지라 직접 도전을 해봤다.

책 한 꼭지 쓰는 과정을 실시간으로 중계한 것이다.

실시간으로 방송을 하면서 공부나 일을 잘할 수 있을까?

그것이 가장 궁금했다.

사전 공지 없이 실방을 켜고 책 쓰는 과정을 고스란히

방송으로 내보내봤다.

결. 과. 는.

의. 외. 였. 다!

실방을 켜고 책 쓰는 작업을 하니 확실히

혼자 할 때보다 '딴 짓을 안 하게 된다'는 사실을 발견했다.

사람의 집중력엔 한계가 있기 때문에

어느 정도 시간이 지나면 잡생각이 들게 마련인데

실방을 켜고 하니 잡념이 확실히 덜 들었다.

혼자 공부할 때는 잡념 관리가 무엇보다 중요하다.

물론 집중이 잘될 때는

혼자 할 때나 실방을 켜고 할 때나 별 차이가 없다.

결정적 차이는 집중력이 흐트러지는 타이밍에 나타난다.

이럴 때는 확실히 실방을 켜고 하면 도움이 된다.
이는 아마도 **백색소음 효과**와 비슷한 것 같다.
실험 결과에 따르면, 정적이 흐르는 사무실보다는
백색소음이 있는 사무실의 업무 집중도가 훨씬 더 높다.

백색소음의 사전적 정의는
'넓은 주파수 범위에서
거의 일정한 주파수 스펙트럼을 갖는 신호'다.
귀에 쉽게 익숙해지기 때문에 작업에 방해가 되지 않고
오히려 거슬리는 주변의 소음을 덮어주는 작용을 한다.

유튜브 실방의 효과도 이런 작용과 비슷한 것 같다.
처음에는 **누군가 나를 지켜본다는 사실에 신경이 쓰일 수 있다.**
하. 지. 만.
집중하다 보면 실방을 하고 있다는 생각을 점차 잊게 된다.
하지만 시청자들이 있기에 혼자일 때
뭉게뭉게 피어오르기 쉬운 잡념은 차단해준다.

게다가 외로움도 덜어진다.
원래 공부란 참 외로운 작업이다.
자신과의 고독한 싸움이 한창일 때
누군가 나를 봐주는 존재가 있음을 아는 것만으로도
함께 공부할 가치는 있다.

여전히 많은 사람들이 유튜브는 애들이나 보는 자극적인
콘텐츠가 넘쳐나는 조금은 수준이 낮은 플랫폼으로 치부한다.
하지만 유튜브에선 학원에서 돈 주고 배워야 할
전문적 지식들을 공짜로 배울 수 있다.

외로운 공부족들은

'함께 공부해요' 콘텐츠를 한번 찍어보길!
합격의 지름길!

(실제로 합격한 공시족들의 감동영상 올라옴)

강추! 👍

나는 유튜브로 편집을 배웠다
★ 편집만 잘해도 직장인 연봉

유튜브를 시작하겠다고 처음 결심한 올해 초만 해도
영상 매체에 대한 이해도가 상당히 떨어졌기 때문에
그. 냥. 하. 면. 잘될 거라 생각했다!!
(근자감은 늘 과도한 욕심을 부른다)

그. 러. 나.

그것은 나만의 착각이었다.
첫 영상인 성선화TV 오픈 영상을 보면 그렇게
허접할 수가 없다.
(그래도 꿋꿋하게 삭제 안 함 ㅎ)
편집은 1도 못하는 주제에 꿈은 컸다.
어떤 콘텐츠를 올릴까 고민을 하다가
여행을 하면서 재테크를 설명하면 어떨까?

라는, 특이한 듯하지만 결국 실패할 수밖에 없었던
아이디어를 냈다.
그래도 추진력 하나는 끝내주는 만큼
설 연휴에 일본 여행을 갔고,
콘티대로 영상을 찍어오긴 했다.
그리고 결심했다.

1. 설 연휴 때 촬영한 영상을 매일 올리고
2. 매일 밤 실시간 방송을 한다.

그때는 진심으로 그렇게 하려고 했다.

그러나 예상치 못한
갑툭튀 장애물이 등장했다.

첫째, 부서의 제재가 들어왔다.
(그 이후 기사 관련 영상만 제작)
둘째, 편집이 생각보다 정말 힘들었다.
(처음 구독자들과 한 거창한 약속을 지키지 못한 점은,
지금도 마음의 짐으로 남아 있다)

스스로 궁금해야 진정한 공부

여전히 편집은 잘하지 못한다.
(하지만 여전히 주변 지인들로부터
장족의 발전을 했다는 평가는 듣고 있다)

나는 겁도 없이 처음부터 전문가들이 쓰는
어도비 프리미어에 도전했다.
곰TV나 키네마스터처럼 손쉽게
편집하는 툴도 많지만 과도한 근자감의 폐해다.

사실 지금도
'왜 굳이 그랬을까' 하는 생각이 들지만
이왕 칼을 뺏으니 끝장을 봐야 했다.
그래서 선택한 방법이
유튜브로 독학하는 것이다.

나는 어떤 공부든 각을 잡고 처음부터 하지 않는다.
일단 부딪혀보고 필요하면 그때그때 찾아본다.

잠깐 나의 공부 철학에 대해 설명하자면,
나는 **철저한 경험주의자**다.
부동산 공부도 마찬가지였다.

다가구와 다세대도 구분 못할 때 부동산부로 발령을 받았고
경매 투자에 직접 뛰어들 때도 이론 선행학습은
일절 하지 않았다.
이론적인 공부는 그닥 좋아하지 않는다.

공부에 대한 내 신념은,
진정으로 알고 싶을 때 정보를 습득해야 머릿속에 남는다!
머릿속에 억지로 집어넣는 정보는 어차피
바람처럼 스쳐 지나간다.
그래서 부모가 억지로 시키는 공부도 반대한다.
어차피 남는 게 없다.
자기 마음이 동해서 해야지
백날 잔소리해봤자 쇠귀에 경 읽기다.
잔소리는 한 인간의 진정한 행동 변화를 불러오지 못한다.
행동의 변화는
간절히 바랄 때, 진심으로 알고 싶을 때,
불꽃처럼 피어오른다.

다시 편집 공부로 돌아와서,
프리미어 편집도 알고 싶은 기술이 있을 때마다 찾아봤다.
예를 들어 흐르는 자막을 넣고 싶다면
'프리미어 움직이는 자막 넣는 법'
음성에 들어간 소음을 제거하고 싶다면

'프리미어 소음 제거'

로 검색해서 다양한 영상들을 보고 방법을 터득했다.

깔깔시스터즈는 와썹맨 편집을 벤치마킹했는데

'와썹맨 편집'으로 검색하면 다양한 설명 영상이 나온다.

학원부터 등록하지 마!

유튜브가 뜨면서 거액의 수강료를 내고

편집 학원부터 등록하는 사람들도 있다.

하지만 학원부터 덜컥 등록한다고

편집을 잘할 수 있는 건 아니다.

스스로 해보고 궁금한 점이 생길 때 학원 수강을 추천한다.

독학하면서 다양한 채널을 참고했는데,

그중에서도 도움을 받은 채널은

편집하는여자

비됴클래스

조블리

롤스토리디자인연구소 등이다.

비됴클래스는 초보자들에게 적합한 영상이 많고

편집하는여자는 좀 더 업그레이드된 스킬이 필요할 때

참고하면 좋다.

(한상준 아나운서가 직접 편집하는여자를 찾아가기도 했다)

조블리는 두 채널에서 공부한 내용을 다른 버전으로
심화학습하는 데 도움이 된다.

(조블리는 여행사 직원으로 투 잡을 뛰고 있다)

롤스토리디자인연구소는 프리미어보다도
포토샵에 더 도움이 된다.
섬네일을 만들려면 포토샵 스킬이 중요하다.
이곳에서 알려주는 대로 섬네일을 만들면 기본은 할 수 있다.

안타깝게도 잘된 편집과 조회 수가 비례하는 것은 아니다.
하지만 대개는 **편집이 열일을 한다.**
특히 재미를 추구하는 영상일수록 편집의 중요성이 커진다.
많은 유튜버들이 나중에는 편집자를 구하더라도
직접 편집을 할 줄 알아야 한다고 말한다.
구독자가 최소 10만이 되기 전까지는
직접 편집을 하라고 조언한다.
유튜브가 대세가 되면서 영상 편집자들의 몸값도 껑충 뛰었다.
이젠 편집만 잘해도
웬만한 직장인 연봉 정도는 벌 수 있는 시대다!!

나는 유튜브로 사주를 배웠다
★ 내 사주 내가 본다

사주를 미신이라고 치부한다면

일기예보를 주술이라고 보는 것과 비슷하다.

사주는 인생의 일기예보와 같다.

일기예보가 항상 맞는 건 아니지만 참고해서 손해 볼 건 없다.

사주를 본다는 건 따~~~악 요 정도가 적당하다!

(친절한 성 기자 생각!!)

나는 왜 사주를 공부했나

예전부터 사주에 관심이 많았다.

하지만 지난해 사주를 공부하기 전까지는

그 이유를 정확히 알지 못했다.

직접 공부를 하고 나서야 그 의문이 풀렸다.

내 사주는 오행이 잘 갖춰진 균형 있는 사주가 아니라

에너지 기운이 한쪽으로 치우친 특이 사주다.
사주가 무난하면 시기에 따라 변화가 크지 않다.
하지만 자체 에너지가 치우쳐 있으면
상황에 따른 쏠림이 심하게 나타난다.

나는 그대로인데……
나를 둘러싼 환경은 왜 이리 급변할까?

이 의문의 답을 드디어 찾은 것이다.

사주의 비밀을 깨치자 현타가 왔다.

아…… 그래서…… 그래서 그랬구나!

돌발 사건들의 연속!!
뛰어넘어야 할 난관과 걸림돌들!!!
갑툭튀 난관들을 아찔하게 헤쳐 온
지난날들이 영화 필름처럼 스쳤다.

사주 공부를 시작한 건 김유라 씨의 제안 덕분이었다.
지난해 증권거래소를 출입하며 핵노잼 나날을 보내던
어느 날!
뜻 맞는 친구들과 바로 사주 과외를 받기 시작했다.

하지만 사주 과외는 한 달을 채 넘기지 못했다.

왜 흐지부지됐는지는 정확한 이유가 기억이 나질 않는다;; ⌒

그렇게 갑자기 과외 공부가 쭝 나면서 독학을 시작했다.

강헌의 《명리》로 시작했는데

책을 받자마자 먹지도 않고 하루 종일 독파했던 기억이

생생하다.

하지만 이때도 사주의 오묘한 원리에 대한 의문은

다 해소되지 않았다.

내 과거와 딱 맞아 떨어지는 퍼즐은 아니었다.

그러다 언제부터인가 사람들을 만날 때마다

사주를 봐주기 시작했다.

임상을 통한 데이터가 쌓이면서 또 다른 깨침이 왔다.

유튜브로 사주를 배웠다

조각조각 흩어진 퍼즐들이

하나의 줄기로 일목요연하게 정리되기 시작한 계기는

바로 유튜브였다.

유튜브에 사주, 명리학 등의 키워드로 검색을 하니

다양한 채널들이 나왔다.

그 가운데 가장 합리적이고 설득력 있는

현실 사주(실전 사주)에 가까운 채널들을 발견했다.

얽히고설킨 실타래 같았던 지식들이

일순간에 정리되는 강한 느낌을 받았다!!

내 사주 실력이 한 단계 업그레이드되는 순간이었다.

이때부터 사주를 봐주면 사람들에게서

"소오름!!"

이런 감탄사가 나왔다!! 😃

(사실 그렇다고 대단한 실력도 아닌데)

"사주 공부 어떻게 했어요? 어디서 했나요?"

사람들이 신기해하며 물었다.

"유튜브로 독학했어요!"

쿨하게 대답하면

"정말요?"라며 놀라움을 금치 못했다.

물론 대단한 실력은 결코 아니며, 지금도 공부 중이다.

여전히 많은 이들이 유튜브는 애들이나 보는

자극적인 콘텐츠가 넘쳐나는 수준 낮은 플랫폼으로 치부한다.

하지만 유튜브에선 학원에서 돈 주고 배워야 할

전문적 지식들을 공짜로 배울 수 있다.

사주를 배워서 좋은 점

사주를 배우고 삶의 많은 부분이 달라졌다.

첫째, 인간관계다.

사주상 궁합이 맞지 않는 사람이 분명 있다.

그와 잘 지내려면 각별한 노력이 필요하다.

잘 맞는 사람도 티격태격하는데 안 맞는 사람이야

말해 무엇하리 ㅜㅜ

아예 피하든가 노력을 하든가. 둘 중 하나다.

친구는 안 맞으면 안 보면 그만이다.

직장은 어쩔 수가 없다.

나와 맞지 않는 사람이 있다는 사실을 알고

충돌을 피하기 위해 노력해야 한다.

둘째, 타이밍이다.

비 오는 습한 날에 빨래를 하면 마르지가 않는다.

한겨울에 반팔을 입으면 얼어죽는다.

인생도 마찬가지다.

비가 올 때도 있고 추울 때도 있으며 따뜻할 때도 있다.

지금이 내 인생에서 어떤 시기인지를 파악하는 게 중요하다.

추운 시기라면 따뜻한 옷을 입고 버텨야 한다.

따뜻한 시기라면 밖으로 나가 자신 있게 활동해야 한다.

이 시기를 잘못 타면 개고생이다.

셋째, 재능이다.

각자 타고난 재주가 있다. 이 역시 사주로 대략 알 수 있다.

사람은 적성에 맞는 일을 해야 한다.

다행히 친절한 성 기자는 적성에 맞는 일을 찾아왔다.

(신채널구축팀으로 자리를 옮긴 것도 스스로에 대한 성찰의 결과다)

자신의 강점을 파악하고 이를 적극 활용하는 게

성공으로 가는 빠른 길이다.

약점을 보완하는 것도 필요하지만

강점을 정확히 아는 게 더 중요하다!!

사주는

믿는 게 아니라

최대한 활용하는 것이다!

참고할 만한 추천 채널

명리학이라는 학문에 대해 해석이 워낙 분분하기 때문에

조심스럽지만

사주를 배울 때 가장 먼저 추천하는 채널은

샤이니[석우당아카데미]다.

이 채널을 추천하는 이유는 연월일시 관법으로

사주를 해석하기 때문이다.
사주의 4개 기둥을 한꺼번에 해석하는 게 아니라
20년씩 나눠 시간의 흐름으로 해석한다.

같은 사주라도
초년
중년
노년
에 따라 해석법이 다른 것이다.

개인적으로 사주를 시간의 흐름으로 해석하게 되면서
그전까지 풀리지 않았던 의문들이 많이 해소됐다.

그다음으로 추천하는 채널은 정동찬 채널이다.
30대 초반으로 추정되는 정동찬 씨는
젊은 나이답게 젊은 감각으로 사주를 풀이한다.
처음부터 샤이니[석우당아카데미]로
공부하는 게 어렵게 느껴진다면
정동찬 채널에서 기초부터 들으면 개념 잡기가 쉽다.

이들 사주 채널들은
같은 내용에 대한 해석이 조금씩 다르다.
이는 보는 이가 스스로 걸러서 들으면 된다.

어그로 능력이 탁월한 채널은 이규호 사주TV다.

이규호 사주TV는 시의적절한 소재를 잘도 골라잡는다.

송중기, 송혜교가 이혼할 때

함소원, 진화가 싸울 때 이들의 궁합을 해석한다.

갑자기 사주가 궁금한 유명인이 생기면

이규호 사주TV를 참고하면 된다.

이 채널의 경우 흥행을 염두에 둬서인지

해석이 조금은 단순한 측면이 있다.

그래도 일반인들의 흥미를 자극하기엔 충분하니

유명인들의 사주가 궁금할 때 보기 좋은 채널이다.

그달의 운세가 궁금하다면 선운TV를 추천한다.

선운 선생님은 깡마르고 신경질적인 데다

말투마저 아주 까칠하다.

일부 마니아층이 있는데 츤데레 스타일을 좋아하는 이들 같다.

선운의 월운은 일간별로 1시간 이상 진행되는데

자막도 없고 시간 표시도 없어 불편한 편이다.

하지만 친절한 댓글이 시간별 상세 내용을 알려준다.

해당 달의 분위기에 대한 감을 잡는 데 유용하다.

사주를 공부라고 생각하기보단 현재 나와 내 주변에 흐르는

에너지 기운을 이해한다는 마음 가짐으로 시작하면

훨씬 더 접근이 쉬워질 것이다.

유튜브계의 시조새 대도서관부터
직장생활 10년 만에 2억 원을 모은 강과장까지
유튜버들을 직접 만나 얘기해봤다!

무한경쟁 유튜브 세상에서 성공할 수 있었던 비결부터
유튜버라서 좋은 점과 힘든 점
유튜브의 미래까지

실제 유튜버들이 전해주는 생생한 경험담,
솔직하고 유용한 살아있는 인터뷰!

9350602

4

인기 유튜버의 비결을 공개합니다!

유튜브를 돈을 벌 수단으로만
접근할 게 아니라
퍼스널 브랜딩의 관점에서
포트폴리오를 쌓아가는
플랫폼이라고 생각해보자.

대도서관

신사임당

소사장소피아 SoSo

강과장

임다

Daisy 데이지

JM

Dr.Law 이윤규

dr토리파

유튜브에 맞지 않는 사람은 없습니다
★ 유튜브 시조새 대도서관

유튜브를 안 보는 사람도 대도서관은 안다.
대도서관은 사람들이 유명 유튜버를 떠올릴 때
가장 먼저 생각나는 사람이다.
나 또한 유일하게 아는 유튜버가 대도서관이던 시절이 있었다.
대도서관이 유명한 이유는 다양하지만
가장 큰 이유는 **오래 했기 때문**이다.

그의 방송 경력은 무려 10년이 넘는다.
한국에서 유튜브 수익이 실현되기 전부터,
아프리카TV부터 방송을 해왔으니
시조새로 불릴 만하다.
10년째 1인 미디어 시장에 몸담고 있는 그가
느끼는 시장의 변화는
최근에 뜬 유튜버들과는 분명 다를 것이다.

유튜버계의 시조새
대도서관이 보는 유튜브 시장은 과연 어떨까?

이런 질문을 안고 서울 삼성동 대도서관의 자택을 찾았다.
고급 아파트의 문을 열고 들어가는 순간, 정말이지 깜놀했다.
그는 집을 사무실로 쓰고 있었는데
마치 갓 이사 온 집처럼 거실과 방에 각종 방송 장비들이
쌓여 있었다.
거실에는 웨딩 사진도 걸려 있었다.
그의 아내가 유명 먹방 유튜버 윰댕이란 사실을
그땐 알지 못했다. ⌒

인터뷰는 방송용으로 만들어진 방에서 진행됐다.
기존 방송국 못지않은 시설에 다시 한 번 놀랐다.
더욱 놀라웠던 점은 그의 꼼꼼함이었다.
인터뷰 시작 전 화면 세팅을 하며 각도를 조정했고
시청자에게 편안한 화면 구도를 잡기 위해
여러 번 다양한 시도를 했다.
내게는 귀여운 인형을 건네며 인형을 안고
인터뷰를 진행하는 게 좋겠다고 제안했다.

유튜브에 맞지 않는 사람은 없습니다

이날 인터뷰에서 대도서관이 전한 핵심 메시지는
퍼스널 브랜딩이다.
그는 돈은 퍼스널 브랜딩이 되면
저절로 따라온다고 강조했다.
10년 전 대도서관이 1인 방송을 처음 시작한 이유도
퍼스널 브랜딩 구축을 위해서였다.
(타고난 끼를 주체할 수 없어 시작했을 거라 생각했는데……
예상 밖으로 그는 타고난 전략가였다)

그는 고등학교를 졸업하고 SK커뮤니케이션에 입사해
탁월한 성과를 내고 있었다고 했다.
하지만 고민이 있었으니
"내가 언제까지 이 회사에서 잘나갈 것인가"였다.
(20대 중반에 벌써 이런 생각을 했다니, 정말 난 사람이다)
그래서 해외에서 유행하던 퍼스널 브랜딩에 대해
고민하기 시작했고,
그 방법 중의 하나로 1인 방송을 시작한 것이다.
그러니까 대도서관 방송의 출발 자체가
시대를 앞서가는 혜안에서 나왔다. 👍
(지금 생각하면 대도는 거의 10년은 앞서갔다)

그. 래. 서. 그는
유튜브에 대한 접근법을 바꿔야 한다고 강조했다.

"유튜브에 맞는 사람과 그렇지 않은 사람이 있지 않을까요?"
"모든 사람이 다 유튜브를 해야 할까요?"
내 질문에 대도서관은 1초의 망설임도 없이 답했다.
"당연하죠. 다 해야죠."
"유튜브에 맞지 않는 사람은 없습니다."

그는 구독자와 조회 수에만 연연하면 답이 없다고 강조했다.
그런 태도는 오히려 돈을 버는 데 도움이 안 된다고 했다.
구글의 애드센스는 '1조회=1원'의 시스템이 아니기 때문이다.
유튜브는 구글의 애드센스 시스템을 그대로 적용했다.

구글 애드센스 시스템이란
광고 자리를 파는 네이버 등 포털 사이트와 달리,
광고주들에게 광고를 먼저 수주한 뒤
콘텐츠가 새로 올라올 때마다
순식간에 광고를 경매에 붙이는 방식으로 진행된다.

이 때문에 광고주들은 자신의 회사 광고를
질 좋은 영상에 붙이기를 바란다.
하지만 질 좋은 영상이 항상 조회 수와

친절한 성 기자의 유튜브 재테크

정비례하는 것은 아니기 때문에
유튜브는 '시청 시간'을 기준으로
좋은 영상을 판별하는 기준을 바꿨다.

퍼스널 브랜딩의 관점에서
유튜브를 포트폴리오를 쌓아가는 플랫폼이라고 생각하면
마음이 한결 편해진다.
일종의 이력서인 셈이다.
예를 들어 면접관에게 화려한 수식어의 자기소개서보다
차곡차곡 쌓아온 유튜브 영상을 보여주는 것이 더 설득력 있다.
대도서관은 실제로
뷰티 채널을 운영하며 쌓은 커리어가 이직에 도움이 된
지인이 있다고 소개했다.
본업은 아니더라도 좋아하는 일로
유튜버 활동을 하다 보면
어느 순간 직업이 될 수도 있다는 설명이다.
(실제로 뷰티 유튜버 데이지는 미국 부동산 컨설팅 회사에 근무하다
취미로 시작한 유튜브가 직업으로 바뀐 케이스다)

"유튜브는 사실 단순한 영상 플랫폼이 아닙니다.
단순히 유튜브보다 많은 수의 영상을 보유한다고
유튜브를 뛰어넘을 수는 없습니다."

유튜브는 반짝하다 저물어가는 페이스북, 트위터와는
차원이 다른 플랫폼이라는 설명이다.

(흠…… 왜일까?? 궁금증이 폭발한다)

청산유수 같은 대도의 설명이 이어졌다.

(그는 정말 말을 잘한다)

"유튜브는 단순한 플랫폼이 아니라
거대한 알고리즘으로 짜인 생태계이기 때문입니다.
유튜브를 운영하는 것은
사람이 아니라 인공지능 알고리즘입니다.

(떡상을 시키는 것도, 노딱을 붙이는 것도 다 알고리즘의 짓이다!)

"구글을 이기려면 영상 매체 수가 아니라
구글의 알고리즘을 이겨야 합니다."

(구글 알고리즘의 원리를 정확히 몰랐던 때라
그의 설명이 머릿속에 쏙쏙 입력됐다)

그. 래. 서.

"유튜브가 언제까지 갈까요?"
라는 질문은 우문이라는 것이다.

(그런데도 기자들이 가장 많이 하는 질문이다!)

그는 강조했다.

"유튜브가 레드오션이라면 식당도 레드오션이죠."

식당은 예전부터 있었지만 여전히 사람들은

식당을 창업한다.

다만 경쟁이 치열해진 것은 사실이기에,

자신만의 시그니처 메뉴를 만들고

고객이 찾아오게끔 연구를 한다.

유튜브 시장의 경쟁이 치열해진 것은 사실이다.

그렇다고 유튜브가 사라지진 않는다.

이 경쟁에서 살아남을

자신만의 비기를 개발하는 것이 더 중요하다.

대도서관과의 인터뷰는 유튜브에 대한

관점을 바꾸는 전환점이 됐다.

그중에서도 가장 와 닿았던 내용은

'**유튜브 영상=수출 상품**'이라는 관점이다.

물건을 만들어 해외에 팔아야만 수출이 아니다.

유튜브 영상을 해외에 있는 사람들이 보고

해외 기업에서 광고료를 받은 유튜브가

내게 광고 수익을 배분한다면

이 또한 수출과 같은 효과다.

유튜브를 통해 '**달러 벌이**'**가 가능한 것**이다.

사실 이 부분이 가장 뇌리에 남았다.
국내 제조업 경쟁력이 날로 떨어지는 상황에서
우리나라의 차세대 먹거리는 무엇인가!!
콘텐츠 산업은 분명 한국을 먹여 살릴
새로운 분야가 될 수 있다.

10년에 2억 모은 강과장
★ 진정성의 공명 효과

'내가 35살이나 처먹고 4평 원룸에 사는 이유'는
우리가 차마 보고 싶지 않은,
하지만 엄연히 존재하는 현실을
실오라기 하나 걸치지 않고 낱낱이 보여준다.

대전에서 대학을 졸업한 강과장은
20대 후반 취업을 해 서울로 올라왔다.
당시 인턴 신분이었던 그의 월급은 25만 원.
대학교 때 휴학을 하고 공장을 다니며 일해서 모은
800만 원과 부모님이 보태준 1,200만 원으로
회사 근처에 2천만 원짜리 전세를 구했다.
서울 강남에 있는 직장 근처에 집을 구하다 보니
2천만 원으로 구할 수 있는 집은 작은 원룸뿐이었다.
(반지하 집에 네 가족이 모여 살던 영화 <기생충>이 떠오른다)

내가
35살이나 처먹고
4평 원룸에
사는 이유

❤️ 😀 😢

👍 9350602

강과장, 조회 수 243만 회

"체계적으로 재테크 공부를 하지 않아서
특별히 드릴 팁이 없어요.
아끼고 절약하는 일이 제겐 그냥 일상이거든요."

그의 표현대로 방의 상태는 더욱 놀라운 수준이다.

누우면 발밑으로 남는 공간이 겨우 1미터이고

화장실과 부엌이 거의 붙어 있어

설거지와 샤워를 동시에 해야 했다. (비자발적 미니멀리즘)

심지어 화장실도 원룸 밖에 있어 겨울엔 얼어버렸다.

급할 땐 인근 공원 화장실로 뛰어가 일을 봐야 했다.

그는 이런 원룸에서 2년을 살면서

무려 2,500만 원을 모았다.

그 돈으로 다시 전셋집을 구해보지만

반지하밖에 얻을 수가 없었다.

심지어 1억 원이 넘는 돈을 모았을 때도

번듯한 전셋집은 불가능했다.

이렇게 〈기생충〉 가족 뺨치는 궁상맞은 생활을 한

강과장은 **직장생활 10년 만에 2억 원**을 모았지만

지금도 회사 근처 **4천만 원짜리 4평 원룸**에서 살고 있다.

'내가 35살이나 처먹고 4평 원룸에 사는 이유'

조회 수는 243만 뷰에 달한다. 👍

편집도 허접하고 이미지도 투박한 이 영상을

사람들이 계속 보는 이유가 뭘까?

이는 질문을 바꿔보면 알 수 있다.

사람들은 이 영상을 보고

무슨 생각을 할까?

무엇을 느낄까?

구독자들이 얻어가는 가는 것은 무엇일까?

아마도 강과장의 현실은

현재 2030대 직장인들이 마주한 현실과

크게 다르지 않을 것이다.

월급 200만~300만 원 가지고는

제대로 된 전셋집 하나 구할 수 없다.

그. 런. 데. 도.

늘 고생과 불안에 시달려야 하는 우리들의 지금 모습이다.

대부분은 사회를 탓하고,

세상을 원망하고, 마지막에는 체념한다.

내 월급에 재테크는 무슨…….

내 월급에 집은 무슨…….

에라, 모르겠다. 그냥 쓰면서 살자.

안 되면 카드 돌려 막기 하고.

답답한 현실에 눈감아버리는 것이다.

하지만 보이지 않는다고 해서 현실이 사라지는 건 아니다.

우리가 외면한다고 해서 현실이 개선되는 건 더더욱 아니다.

'오늘을 살자'는 욜로가
현실 도피 그 이상도 이하도 아님을 알면서
쳇바퀴 돌리듯 또 하루를 살아간다.

강과장의 영상은 현실에 눈감은 2030대들에게
'네가 눈감은 현실은 결코 사라지지 않는다'는
사실을 알려준다.
그리고 그들은 현타를 경험한다.

아, 저렇게 열심히 사는 사람도 있는데……
나는 뭔가!!!

스스로를 반성하기도 하지만 강과장에 대한 경외심도 느낀다.
한편으론 정서적으로 연결된 느낌, 끈끈한 감정을 느낀다.
그래서 강과장을 응원하고,
그가 공유하는 일상을 지켜본다. 그러면서 또
자극을 받고 힐링도 느낀다. 😃

이것이 바로 사람들이 강과장 채널을 구독하는 이유다.

유튜버들을 인터뷰하는 영상을 여럿 올렸지만
유독 강과장 인터뷰 영상이 조회 수가 높다.
특별히 편집을 한 것도 아니고

친절하게 자막을 넣은 것도 아니다.
그런데도 사람들은 그와의 인터뷰 영상을 보러 온다.

강과장 채널은 유튜브 영상의
'진정성이란 무엇인가'라는 질문에
모범 답안이 될 만하다.
진정성은 만든다고 해서,
꾸민다고 해서 되지 않는다.

강과장은 말한다.
"체계적으로 재테크 공부를 하지 않아서
특별히 드릴 팁이 없어요."
"아끼고 절약하는 일이 제겐 그냥 일상이거든요."

그의 인기는
특출한 용빼는 재테크 팁을 알려줘서가 아니다.
그는 일상이 곧 재테크이고,
이를 보는 것만으로 사람들은 가슴속에서 솟구치는
뭉클함을 느낀다.

사람들은 재테크를 단순히 돈. 만. 버. 는. 것. 이라고 생각한다.
이런 수박 겉핥기 식 접근으로는 결코 성공할 수 없다.

재테크를 하려면 가치관을 바꿔야 한다

"당신의 가치관을 바꿔야 합니다."

강과장이 자신의 삶을 통해 전하는 메시지다.

사람들이 느끼는 재미는 저마다 다르다.
어쩌면 사람들은 자신이 진짜로 재밌어 하는 게
뭔지 모른다는 생각도 든다.

인스타에 올리는 허세 샷이 진정한 재미를 주는가?

백 번 천 번 생각해도 그게 넘나 즐겁다면 진짜 재미다.
계속 그렇게 살면 된다.
즐거움의 원천이 정신적인 성취보다는
소유에서 오는 쾌락에 있다면
절약테크보단 다른 방법을 찾아야 한다.
세상에서 젤 재밌는 게
좋은 사람들 만나서 좋은 술 먹고 노는 것!!
이라면 절약이 가능할까?
강과장의 친구들이
"넌 차암 대단한데…… 나는 너처럼 살기 싫다"
고 말하는 이유도 사람마다 재미와 즐거움의 원천이

다르기 때문이다.

강과장은 비싼 옷을 입고
고가의 차를 타고
넓은 집에 사는 것에서
재미를 찾거나 큰 가치를 두지 않는다!!
이것이 그가 짠돌이 브이로그로 성공할 수 있었던 비결이다.

만약 가슴 한 켠에 공허함이 있다면
다 버리고 **자신에게 집중해보는 것**도 방법이다.
미니멀리즘도
허세에 따르는 공허함에
공감하는 사람들이 늘었기 때문에
유행하기 시작했다는 분석도 있다.

인간의 기본적인 욕구를 억제한 채
안 쓰고
안 먹고
안 논다는 건
쉬운 일이 아니다.

예전에 짠돌이 짠순이들을 인터뷰하며 내린 결론은 이랬다.
재테크는 곧 인생이다.

레크리에이션 강사에서
억대 연봉 인생 역전
★ 노력파 '관종' 임다

만약 강기정 씨(임다의 본명)가 10년 전에 태어났다면,
지금처럼 구독자 120만 명의 임다TV가 될 수 있었을까?
장성규의 워크맨이 지상파 방송을 앞질러
전 국민의 5분의 1이 보는 천만 뷰를 돌파하는
2019년 유튜브 세상이 아니라면,
그는 과연 28세에 억대 연봉을 받는
임다가 될 수 있었을까?

시대를 잘 타고났다는 말은,
분명 이럴 때 쓰는 말일 것이다.

지금은 관종이 돈을 버는 시대다.
그런데 마침 그도 타고난 관종이다.
처음 유튜브를 시작했던 3년 전(외모도 풋풋)

"조회 수가 나오지 않더라도
일주일에 한 번은 새로운 콘텐츠를 하려고 노력해요!"

영상들을 보면 더욱 확실히 알 수 있다.

박진영의 〈허니〉를 부르며 춤을 추고

김연우의 〈이별 택시〉를 부르며 무드를 잡는다.

주체할 수 없는 끼가 머리부터 발끝까지 흐른다. 👍

끼돌이 임다의 어릴 적 꿈은 개그맨이었다.

실제로 지상파 개그맨 시험에 세 번이나 도전했다.

하. 지. 만. 보기 좋게 미끄러졌다.

결국 그는 MC인 그의 전공을 살려

지방 행사를 뛰는 레크리에이션 강사 생활을 시작했다.

(그는 전문대 MC학과를 나왔다)

김제동처럼 타고난 입담으로

지상파까지 진출하는 경우도 있지만,

이는 극히 드문 사례다.

2년제 전문대 졸업 후 7년여를

그. 렇. 게. 전국을 떠돌며 MC생활을 했다.

고된 생활에도 한 달 수입은

100만 원이 조금 넘는 수준에 불과했다.

게다가 집안도 힘들어 빚까지 있었다.

"그때는 참 힘든 시절이었다"고 그는 회상했다.

(임다를 만나보니 겸손하고 예의가 바르다고 느꼈는데
확실히 고생을 한 경험이 있어 그런 것 같다)

그가 처음 1인 방송을 시작한 계기는
MC를 더 잘 보고 싶어서였다.
선배들 어깨 너머로 진행 멘트를 배우고
개인기를 연구했지만
이를 제대로 써먹어볼 무대가 없었다.
이. 때. 1인 방송이 눈에 들어왔다.
더 이상 선배 눈치를 보지 않고 자신만의
끼를 마음껏 분출할 수 있는 곳이었다.
그에게 1인 방송은 가만히 있어도 뿜뿜하는 끼를
발산할 아주 좋은 장이었다.

처음에는 실시간 방송을 하며
난센스 퀴즈를 주로 냈다.

"세상에서 가장 얇은 바위는?"

.

.

.

"머리가 ROCK"

(어이없는 정적!!) 😃

퀴즈를 내면서 시청자들과 함께 만들어가는 방송을
편집해 유튜브에 올렸다.

초창기 영상 조회 수를 보면 1만 뷰가 넘지 않는다.
하지만 그의 아재 개그를 좋아하는 팬들이 늘면서
2년 만에 구독자 100만 명을 돌파했다.

지금은 알아보는 사람들 통에 인파가 많은 곳은 꺼릴 정도다.
실제로 한적한 여의도공원에서 인터뷰를 진행했는데도
그를 알아보는 초등학생 무리들이
임다의 유행어
"짝짝쓰"를 외치며 지나갔다.
(많은 유튜버를 인터뷰를 했지만
거리에서 사람들이 알아본 이는 임다가 유일하다) 👍

그의 인기만큼 수입도 높아진 건 두말하면 잔소리다.
그가 오프더레코드를 요청했기에 밝힐 수는 없지만,
웬만한 직장인의 1년 연봉을 한 달에 벌고 있다.

나는 그의 인생 역전을 응원한다!

빌딩부자를 꿈꾸는 이유

잘 모르는 사람들은 그가 그저 운이 좋아
잘나간다고 생각할지 모른다.
하지만 내가 볼 때, 그의 성공은

노력 덕분이 더 크다.

그의 노력은 여느 유튜버보다 더 치열하다.

더 정확히 표현하면, 현재에 안주하지 않는다.

구독자 10만 명이 되기까지 스스로 편집을 했고,

지금도 컷 편집은 직접 한다.

재밌는 장면은 본인이 가장 잘 알기 때문이라고.

"조회 수가 나오지 않더라도

일주일에 한 번은 **새로운 콘텐츠**를 하려고 노력해요!"

(인터뷰 당시 '반전 사진 대회'가 한창 인기였는데,

최근엔 '연예인 닮은 꼴'이 인기다.)

유튜브 시장의 트렌드는 너무나 빨리 변하기 때문에

끊임없이 새로운 시도를 하지 않으면

밀려나게 돼 있다.

(실제로 구독자가 100만 명이 넘는데 조회 수는 잘 안 나오는 채널이 많다)

그와의 인터뷰에선 알 수 없는 불안감이 느껴졌다.

구독자가 아무리 많아도 방심할 수 없고

흐름을 따라가려는 노력을

쉬지 않아야 하는 것이다.

"지금은 큰 사랑을 받고 있어 감사하지만

10년 뒤에는 유튜브 세상이 아닐 수 있으니까요!"

친절한 성 기자의 유튜브 재테크

나이보다 철이 일찍 들어버린 임다에게
"10년 뒤 38세의 임다는 어떤 모습일까요?"
라고 물었다.
그는 1초의 망설임도 없이 말했다.
"빌딩부자요."
나는 그 자리에 빵 터지고 말았다.
20대 젊은 유튜버의 입에서
빌. 딩. 부. 자.
라는 말이 나올 줄이야.

지금은 조회 수에 민감하다 보니
마음처럼 방송 자체를 즐길 수가 없다고 했다.
나중에, 아주 나중에 빌딩을 사서 안정적으로 월세를 받고
수익에 상관없이 방송을 할 수 있다면
지금보다는 훨씬 더 즐기면서
할 수 있을 것 같단다.

그의 설명을 듣고 보니 고개가 끄덕여졌다.
어린 나이에 가장 노릇을 하다 보니 더 그런 듯했다.
(그래도 돈 벌어서 집도 사고 빚도 다 갚았다니 정말 다행 ^^)

28세 임다가 빌딩부자가 되는 그날까지
승. 승. 장. 구. 하길 바라본다!

"콘돔 영상 업로드가 가장 뿌듯했어요"
★ 뷰티 유튜버 데이지

콘돔 영상 리뷰가 어떻게 이. 러. 케.

하나도 안 야할 수가 있지?

뷰티 유튜버 데이지의 콘돔 리뷰는

냉정하며 차분하다.

그 특유의 강점인 군더더기 없는 깔끔한

리뷰가 이 영상에서도 한껏 매력을 발산한다.

하지만 이 영상에는

노란 딱지가 붙어 수익 실현이 되지 않는다.

유튜버 입장에서 노딱 영상은 1도 도움이 안 된다.

노딱이 많으면 질 나쁜 콘텐츠로 분류되며

심하면 채널 폐쇄까지 당할 수 있다.

그. 런. 데. 도,

데이지는 이 영상을 삭제하지 않고 있다.
심지어 그는 지난 4년간 뷰티 유튜버 활동 중
가장 뿌듯했던 순간이
"콘돔 영상 리뷰를 올렸을 때"라고 자신 있게 말했다.

그 많은 영상들 중에서
"하필이면 왜!!! 이 영상을 꼽았을까?"

나의 질문에 데이지는 이렇게 답했다.

아, 내가 이제 이런 영상도 올릴 수 있구나!!! 😃

그의 대답 이면에는
지난 4년간의 마음고생이 고스란히 묻어난다.
이제야 타인의 시선에 얽매이지 않고
자신이 원하는 콘텐츠를
생산할 수 있게 됐다는 자신감이다.

"영상을 찍다 보면 남들이 원해서 찍을 때가 있고,
찍으면서 제 스스로 정말 즐거울 때가 있어요.
이제는 찍을 때 제가
흥부자가 되는 영상 위주로 촬영하고 있어요."

유튜버들의 콘텐츠 고민은 숙명과도 같다.

'다음엔 뭐 찍지?'

를 마음속에 늘 안고 산다.

(사실 찍을 영상은 수없이 많지만

여건이 안 따라주는 게 문제)

이 질문에 대한

데이지의 기준은 확고하다.

찍을 때 내가 재미있는 영상!!

내가 흥미로운 영상!!

내가 궁금한 영상!!

"제가 너무 신나게 화장품 리뷰 영상을

올리다 보니 구독자들이 놀리기도 해요.

리뷰하면서 자기가 신나 한다고.

그래도 어쩔 수 없죠!

전 신상을 써보는 게 정말 정말 좋아요."

그는 신상이 나오면 출시되는 당일

바로 써봐야 직성이 풀린다고 했다.

그래서 상품이 나오기 전에 예약을 하고

당일 바로 달려간다. (진정 타고난 뷰티 유튜버다!) 😄

콘돔 리뷰를 업로드한 것도
꼬옥 필요한 정보인데 아. 무. 도.
제대로 알려주지 않는 것 같아서였다.

하지만 이런 영상을 올리기 위해선
상당한 용기가 필요하다.
그는 이미 '내가 재미있는 영상을 올린다'는
뚜렷한 기준이 있었기에
자신 있게 업로드할 수 있었던 것.

느리지만 그래도 천천히 내 길을 간다

데이지가 이처럼 확고한 기준을 확립한 건
구독자가 35만 명을 넘은 이후다.
그 전까지는 그 역시 오랜
번민의 시간을 보냈다.

최대 위기는 2년 전,
구독자 10만 명일 때 찾아왔다.
아주 심각하고 진지하게 뷰티 관련 회사 취업을 알아봤다.
더 이상 구독자 수가 성장하지 않는 정체기가 왔기 때문이다.

4년 전 뷰티 유튜버로 출발한 DAISY 데이지 채널은,

이사배 RISABAE, 조효진 HYOJIN 등에 비해
성장 속도가 느렸다.
후발 주자들이 그를 앞질러 치고 나가는데
그의 채널은 성장을 멈춘 것이다.

포기할까? 그냥 취업이나 할까?

다 그만두고 싶다는 좌절감이 그를 휘감을 때,
"한 번만 더"를 외치게 한 것은 초심이다.

그의 첫 사회생활은 미국에서 시작됐다.
시각 디자인을 전공한 그는
어느 부동산 컨설팅 회사의 웹디자이너로 취업을 했다.
부동산 회사에 웬 시각 디자인이냐고
생각하겠지만, 사실은 그렇지 않다.

"부동산 회사엔 시각 디자인 요소가 많이 필요해요.
미국에선 4년 전부터 가상현실(VR)로 집을 보여주는
서비스를 선보이고 있거든요."

급여 수준이나 하는 일은 나쁘지 않았다.
문제는 재미가 없었다는 것!
그래서 취미로 시작한 일이 뷰티 유튜버였다.

원래 화장품에 관심이 많은 데다
뷰티 유튜버가 잘되면서
결국 그는 전업 유튜버로 나섰다.

후퇴냐 전진이냐의 갈림길에서 그는
모든 걸 원점에서 다시 시작하기로 했다.
기존의 스타일을 버리고 새로운 콘셉트를 잡기 시작했다.
가장 먼저 섬네일이 달라졌고
제목, 말투까지 확~~ 달라졌다.
이렇게 채널 전면 교체에 나서서야
구독자가 조금씩 늘기 시작했다.
(그의 4년 전 첫 영상을 본다면 "데이지 맞아?" 하고 놀랄 듯)
중간에 결혼을 하면서
'미스 데이지'에서 '데이지'로 채널명도 바꿨다.

그렇게 위기를 극복한 이후
꾸준히 구독자가 늘기 시작해
지금은 50만 명을 향해 가고 있다.
그는 이제야 심리적 안정을 느낀다고 털어놨다.

"주변 유튜버들을 보면 대부분 심리 상담을 받고 있어요.
안 받는 사람을 못 봤을 정도예요."

크리에이터라는 직업이

겉보기에는 자유롭고 화려하지만,

속내를 들여다보면 시커멓게 타들어가는 직업이다.

영상 하나하나를 올릴 때마다

조회 수로 평가받아야 한다는 게

결코 쉬운 일은 아니다.

그는 전업 유튜버로 안정적인 생활을 하려면

구독자가 20만 명은 돼야 한다고 말했다.

(물론 주관적인 기준이다!)

데이지와 인터뷰를 하는 내내

'참 편한 친구 같다'는 느낌을 받았다. 😀

불안감이 느껴지는 여느 유튜버들과 달리

자신만의 길을

뚝심 있게 걸어가는 안정감이 느껴졌다.

"앞으로의 채널 방향성은 어떻게 잡고 있나요?"

"지금처럼 하면 될 것 같아요.

크게 달라지는 건 없이 좀 더 정교하게요!"

특히 그에게 믿음이 갔던 건

"피부과를 가지 않는다"는 멘트 때문이다.

피부과를 꾸준히 다녀본 유경험자라

그 즉각적인 효과를 잘 알고 있다.
아마 뷰티 유튜버가 피부과의 유혹을
뿌리치기란 쉽지 않을 것이다.

"피부과를 가면 당. 연. 히. 피부가 좋아지죠.
하지만 일시적이에요."

그는 피부과를 다니지 않고
화장품만으로 예뻐질 수 있다는 걸
직접 보여주고 싶다고 했다.

그래서 그의 **일상 자체가 관리의 끝판왕**이다.
아침에 일어나자마자 피부 마사지를 하고 스트레칭을 한다.
(그가 직접 개발한 마사지는 진심 효과적이다)
그는 해부학 공부를 통해
마사지 비법을 직접 개발한다고 했다.
직접 해보고 효과를 입증하기까지 3개월 정도 걸린다고.

먹거리도 이너 뷰티를 위해 챙겨야 할 필수템이다.
"아무리 좋은 화장품을 발라도
생활이 엉망이면 피부가 절대 좋을 수가 없어요."
그 역시 단짠 음식을 정말 좋아하지만,
하루에 한 끼는 샐러드를 먹는다.

마지막으로 조심스럽게 수익 공개가 가능한지 물었다.

그는 "MCN과의 계약 때문에 불가하다"면서

"미국에서보다 10배쯤 더 번다"며 웃었다. 👍

05

엄마 유튜버가 한 달에 천만 원 버는 비결
★ 소사장소피아 SoSoTV의 자기표현법

다시 강조하지만
유튜버가 되기 위한 첫 번째 조건은
참을 수 없는 표현의 욕구다.
남들보다 먼저 알았다면
그 사실을 전달해야 하고,
잘못된 게 눈에 보이면 반드시
지적질을 하고 넘어가야 한다.
이렇게 표현하지 않으면
입이 근질근질해서 잠이 안 온다.
내가 만난 유튜버들은 대부분
일반인에 비해 표현의 욕구가 강했다.

하지만 그 최고봉을 꼽자면 단연
소사장소피아 SoSoTV의 박혜정 씨다.

내 가치(몸값)를
확실히 높이는 법을
알려드릴게요

수입 늘리기

🖤 😃 😩

👍 9350602

소사장소피아 SoSoTV, 조회 수 6만 회

"나를 표현하지 않으면 죽은 것과 마찬가지죠.
회사생활을 하면서 자신을 숨기고
표현하지 않는 사람들이 많잖아요?"

다양한 유튜버들을 만났지만,
그처럼 강렬한 표현의 욕구를 가진 이는
보지 못했다.

**"나를 표현하지 않으면
죽은 것과 마찬가지죠."**

**"회사생활을 하면서 자신을 숨기고
표현하지 않는 사람들이 많잖아요?"**

**"그렇게 자신을 표현하지 않는 건
죽어서 사는 거라고 생각해요."**

표현하지 않는 것이 곧 죽음
이라고 생각하는 사람을 만난 건
그가 처음이다.
(이런 그의 성향을 볼 때,
갑갑한 은행원생활을 4년이나 했다는 건
참으로 대단한 일이다)

이토록 표현의 욕구가 강한 그지만
결혼 후 전업주부가 됐다.
결혼 전 《은행의 사생활》이라는 책을 출판해 인기를 끌었고

퇴사 후 웨딩 사업을 시작했지만
생각만큼 잘되지 않았다.
그 이후 5년여를 전업주부로 지냈다.

그 5년이 어땠을지는 상상이 가고도 남는다.
그의 말대로 살아도 죽어 있는 생활이었을 것이다.
말하고 싶고
얘기하고 싶고
전해주고 싶은 것들이
그토록 많은데 정작 자신의 신분은
전. 업. 주. 부. 다.
경단녀(경력단절여성)에게
전직 은행원이라는 이력이나
베스트셀러 작가라는 타이틀은
무의미하다.

하지만 그에게 한 줄기 빛이 찾아왔다. 바로
유튜브다.
그에게 유튜브는 살림만 하던 답답한 생활의
오아시스였다.
드디어 나를 표현할, 나만의 채널이 생긴 것이다.
전업주부로 살며 억눌렸던 표현의 욕구를
해소하는 데 유튜브는 아주 좋은 친구였다.

주로 살림하는 얘기를 했어요."

"제가 빨래를 잘 개는데 빨래 개는 법도 찍고요."

심지어 아기가 흘린 분유 묻은 옷을 입고 찍기도 했다고.
처음부터 구독자 수가 많았던 건 아니다.
그러다 '전직 은행원이 말해주는 재테크를 할 때
알아야 할 5가지'가 그야말로 떡상을 했다.
이 영상을 찍은 이유는
인스타 피드에서 한 재무설계사가 올린
엉터리 변액보험 수익률을 봤기 때문이다.

"그 피드를 보는 순간, 참을 수가 없었어요.
금융을 모르는 금알못들이 보고
혹하고 넘어갈 수 있으니까요."

(불의를 참지 못하는 기자정신) 👍🏻

조회 수 33만 뷰를 기록한 이 영상을 보면
그의 분노가 그대로 전해진다.
이처럼 그는 일상생활 속에서
표현하지 않으면 뚜껑이 열리는
상황을 맞닥뜨릴 때마다 영상을 찍는다.

소재는 다양하다.

여행, 육아, 결혼, 재테크, 북 리뷰,

심지어 경매까지.

이렇게 일관성 없는 콘텐츠를 올리는데도

구독자 수가 6만 명을 넘었다는 사실은

남들보다 조금 일찍 진입한 선점 효과와

아직은 블루오션인 **엄. 마. 유. 튜. 버.**

시장의 가능성을 보여준다. 👍

그는 주부들이 편집이라는 장벽 때문에

블로그에서 유튜브로 넘어오지 못하고 있다고 지적했다.

"주부들의 살림 용품 리뷰 블로그는

굉장히 많아요.

하지만 살림 용품을 리뷰하는

엄마 유튜버들은 많지 않죠."

그는 엄마 유튜버가 얼마 남지 않는

유튜브계의 틈새 시장이라고 힘줘 말했다.

(그 역시 엄마 유튜버 관련 책을 준비 중이다)

같은 주부로서 그는 엄마들에게

"편집에 대한 부담감을 버려야 한다"고 조언했다.

주부들은 책상에 제대로 앉아 있을 시간이

많지 않기 때문에

편집 시간이 턱없이 부족하다.

하지만 노트북이 아닌 스마트폰 앱으로도

얼마든지 편집이 가능하다.

(실제로 초창기 영상들을 보면 발편집의 진수를 보여준다)

제대로 각 잡고 한 편집보다는

이동하면서 스마트폰으로 한 편집이

훨씬 많다고 털어놨다.

한 달 천만 원 수익 비결 공개

구독자 수로만 보면 사실

소사장소피아SoSoTV는 한 달에 천만 원 벌기가 힘들다.

구독자가 10만 명이 넘고 조회 수가 훨씬 높은

채널들도 애드센스 광고 수익은 큰 의미가 없다.

그. 렇. 다. 면. 그가

한 달에 천만 원을 번다고

당당하게 말하는 이유는 뭘까?

그 비결이 뭘까?

그는 유튜브 채널을 기반으로 각종

교육 사업을 하고 있다.

유튜브를 통해 수강생을 모집하고

그들로부터 교육비를 받는 시스템이다.

유튜브 채널은 홍보와 모객을 위한 플랫폼일 뿐

실질적인 수익은 교육 비즈니스에서 나온다.

이는 유튜브가 가져다준 **혁명적 변화**다.

지금까지 강사들이 특강을 하려면

누군가가 불러줘야 했다.

기업이든 백화점 문화센터든 나를 찾는 곳이 있어야

거기 가서 특강도 하고 돈도 벌었다.

하지만 나만의 유튜브 플랫폼이 확보되면

얘기가 달라진다.

내가 원하는 시간에

내가 원하는 주제로

내가 원하는 가격을

받을 수 있는 인프라가 갖춰지는 셈이다.

지난해 말 처음 개설한

재테크(경매), 자기계발, 유튜브, 3가지 클래스가

전부 조기 마감됐다.

40명, 30명, 30명씩 총 100명을 모집했는데

며칠 만에 자리가 다 찼다.
(재테크 클래스는 설춘환 교수의 수업으로,
대신 모집해주고 일부 수수료를 받는 형태다)

교육 내용에 대한 반응이 좋자
두 번째 모집 때는 인원을 줄이고 가격을 높였다.

특히 인기를 끌었던 특강은, '초보 유튜브 교육'이다.
유튜브를 하고 싶지만 어떻게 시작할지 모르는 사람이나
시작해서 하고 있는데
채널을 키우기가 힘들어 고민인 사람들에게
채널 운영 노하우를 전수해준다.

그는 채널 컨설팅을 해줄 때
그 사람만의 고유한 경쟁력에 집중한다.
죽은 채널을 되살리는
그의 심폐소생술은 탁월하다.

편집을 직접 하면서 과도한 스트레스에 시달리는
요가 유튜버가 찾아온 적이 있었다.
채널을 본 그는 "편집을 하지 말라"는
극약 처방을 내렸다.

"유튜버가 스트레스를 받으면

그 부정적 에너지가 구독자들한테도 전해져요!
차라리 편집을 하지 말고
요가 수업 장면을 일정한 시간에
실시간으로 방송하라고 했죠."
그의 예상은 적중했다.
편집을 안 하는 게 오히려 득이 됐다.

또 모든 사람이 아니라
특정 타깃층으로 세분화하라고 조언했다.
그래서 '소방관 시험을 앞둔 남성'으로
대상을 한정해 유연성 수업을 론칭했다.

"타깃이 두루뭉술하면 안 됩니다.
모든 사람을 대상으로 하는 건 효과가 없어요.
처음엔 타깃을 아주 구체적으로 세분화하는 게
훨씬 더 도움이 돼요."

작은 꼬리를 확실히 잡아야
점점 더 넓게 확장된다는 얘기다.

그리고 그는 구독자에게
무. 엇. 이. 든.
확실히 줄 것 하나는

꼭 있어야 한다고 강조했다.

감동
재미
정보
공감
등등

무엇이든 상관없다.

이 중 무엇 하나라도 확실하게 얻을 것이 있어야
사람들은 구독 버튼을 누른다.

(이는 진심으로 초보 유튜버들이 새겨들을 대목이다)

경제방송 PD에서 스타 유튜버로
★ 신사임당, 성공적 채널 전향의 비결

신사임당은 전략가다.

그의 행동은 철저히 전략적이다. (절대 부정적 의미는 아니다)

초보 유튜버라면 신사임당이 채널을 키운

전략만 분석해도 큰 도움이 된다. 👍

경제방송 PD였던 그는 어떻게 채널을 키웠을까.

신사임당 채널은

창업 다마고치로 뜬 1단계와

인터뷰로 채널 성격을 전향한

2단계로 나눌 수 있다.

먼저 1단계, 창업 다마고치 시절.

그의 채널이 주목받은 가장 큰 이유는

소재의 특이성 덕분이다.

친절한 성 기자의 유튜브 재테크

재테크라고 하면 대부분
절약테크 또는 투자를 떠올린다.
그가 했던 직장인 창업은
일반적인 재테크 카테고리에 없는 아이템이다.
흔히 직장을 다니면서 주식이나 부동산
투자를 하겠다는 생각은 해도,
스토어팜에서 장사를 하겠다는 생각은
잘 하지 못한다.

그가 돈을 번 것은
우리가 흔히 생각하는 재테크를 잘해서가 아니다.
그는 직장생활을 하면서
온라인 쇼핑몰에 물건을 팔았다!
(신사임당을 만나기 전까지는 나 역시
직장인 재테크로 스토어팜을 생각해본 적이 없다)

나 같은 재테크 전문 기자조차
생소한 분야다 보니,
그의 **스토어팜 성공 스토리는 신박한 소재**
일 수밖에 없는 것이다.

게다가 그는 남의 이야기를 한 것이 아니라,
본인의 성공 스토리를 솔직하고 진정성 있게 풀어냈다.
(올해 초 그가 운영하는 스토어팜 월 매출이 7천만 원을 찍었다고 함)

여기에 떡상 펌프질은 한 것은
'창업 다마고치 에피소드'다.
이미 스토어팜 성공 경험이 있는 그가
지인의 창업을 도와주는 모습을
생생한 영상으로 담아냈다.
결국 그의 도움을 받은 창업 다마고치는
한 달 매출 1천만 원을 넘는 데
성. 공. 한. 다!!
사람들은 그의 코칭을 받는 다마고치가
실제로 무럭무럭 자라 수익을 내는
리얼 다큐에 열광했다.
(최근 다시 2기 다마고치를 시작)

그는 이 창업 다마고치 스토리만으로
경제 채널로서는 유일무이하게
구독자 20만 명을 돌파하는 쾌거를 이룩한다.

기존 유튜브 세상에는 없는
특이한 소재에 그의 PD적 감각이 더해지며
채널이 빛을 발한 것이다.
일부는 신사임당이 경제방송 PD 출신이기 때문에
영상을 잘 만든다고 폄하하기도 한다.
물론 PD 출신이라

영상에 조금 더 친숙한 건 사실이겠지만,

모든 PD 출신이 유튜브에 뛰어든다고 다 잘되는 건 아니다.

그의 성공은

실패에 대한 철저한 분석이 있었기 때문이다.

2018년 신사임당 채널을 론칭하기 전에

그는 이미 3개 채널을 운영하다

망. 했. 다. 😫

처음부터 잘된 게 아니라

앞선 세 번의 실패 경험을 철저히 분석한 뒤

새롭게 시작한 것이 바로 신사임당 채널이다.

이는 첫 영상만 봐도 알 수 있다.

'실행하기 힘드신가요? 똑똑해서 그럴 수도 있어요'

라는 제목의 영상이다.

우리 모두는 무언가를 실행하기 힘들다.

그런데 그것이 내 잘못이 아니라,

오히려 내가 너~~무 똑똑해서 그렇다고 한다.

이건 특정인을 지목해 하는 말이 아니다.

누가 들어도 혹할 제목이다.

이런 전략적 제목이 그냥 나왔을 리 없다.

'클릭을 부르는 제목이 무엇인가'를

치열하게 연구한 끝에 탄생한 것이다.

초기 영상들은

섬네일만 봐도 통일감이 있다.

검정색 바탕에 흰 글씨로

제목의 의미가 명확히 드러난다.

(섬네일에 대해서는 JM에게 코칭을 받았다고 함)

그 역시도 매번 검정색 티셔츠를

시그니처처럼 입는다.

그가 매번 똑같은 검정 티셔츠를 입는 게

옷이 없. 어. 서. 일까?

옷이나 배경을 단순화함으로써

그의 말에만 집중토록 하는 효과를 노린 것이다.

하지만 그런 신사임당에게도 정체기가 찾아온다.

나와 인터뷰했던 때가 그 즈음인 것 같다.

처음 그는 나를 "선배님"이라고 불렀다.

(사실 선배가 맞긴 맞다. 약간은 부담스러운;;;)

우리는 2시간 동안 편하게 이런저런 얘기를 나눴다.

아마도 이 인터뷰에서 채널의 방향성에 대한

인사이트를 얻은 것 같다.

이후 신사임달 채널은

인터뷰 중심으로 방향을 틀었다.

2단계, 인터뷰로의 전향이다.

(물론 나와의 인터뷰 때문인지는 정확히 알 수 없지만 그런 느낌은 대충 받았다)

그는 지인들을 불러다 편하게 인터뷰를 했고,
누구나 관심 가질 만한 제목을 귀신같이 뽑아냈다.

나를 비롯한 많은 유튜버가 인터뷰 영상을 찍는다.
하지만 누구나 신사임당처럼
높은 조회 수를 달성할 수 있는 건 아니다.
그 역시도 처음부터 인터뷰 채널을 운영했다면
지금처럼 잘되긴 어려웠을 것이다.
기본적인 팬이 확보된 상황에서
인터뷰 채널로 전향했기 때문에
호응이 있었다고 볼 수 있다.

그. 런. 데.
인터뷰 채널로 바뀌면서
신사임당 본인은 중심에서 비껴났다.
그런데도 구독자가 계속 느는 이유는?
특별한 이유가 있다.
바로 **신사임당만의 편. 안. 함.** 덕분이다.
이는 그가 추구하는 목표이기도 하다.

그는 "손에 잡히는 경제가 아닌,
발에 차이는 경제를 말하고 싶다"고 했다.
경제방송 PD 시절,

그의 기획안은 번번이 까이기 일쑤였다.

회사 입장에선 돈이 되지 않는, 영업이 되지 않는,

서민들을 위한 쉬운 얘기였기 때문이다.

그래서 그는 잘나가는 PD는 아니었다고 고백했다.

사실 눈높이를 확 낮춘 그의 콘텐츠는

기존 방송사에서 먹히는 소재가 아니다.

하지만 유튜브 세상에선 다르다.

구독자의 눈높이에 맞는

구독자 중심의 콘텐츠만이 성공할 수 있다.

모든 이들이 어렵다고 느끼는

경제 콘텐츠는 더욱 그렇다.

그는 내게 이런 충고를 했다.

"선배님, 그게 바로 지식인의 함정입니다!"

그가 섭외하는 인터뷰 대상은

아주 일반인은 아니지만,

그렇다고 아예 인지도가 없지도 않은

'마이크로 스타'들이다.

일반인들에게 그들은 나보다는 잘나가는 이들이지만,

그렇다고 내가 못 따라잡을 사람도 아니라고 느낀다.

그. 래. 서. 그들의 이야기에

더 귀를 기울이고 더 공감을 한다.

경제에 관심이 있는 이들뿐만이 아니라,

전혀 무관심한 이들까지도

신사임당 채널의 구독 버튼을 누르는 것은

그가 자신을 내려놓고

구독자를 중심에 둔 채

구독자의 눈높이에 맞출 수 있는 능력이 있기 때문이다.

전문 분야 종사자들이

가장 하기 힘든 것이 이런 부분이다. (나 또한 마찬가지!)

하지만 내게 더 큰 영감을 줬던 부분은

정말 뜬금없고 황당하게도 그의 결혼이다.

'30대 재테크보다 중요한 것' 인터뷰에서 우리는

재테크에서 결혼의 절대적 중요성에 대해

크게 공감했다.

"아내를 채널에 출연시켜보세요"

라는 나의 제안에,

실제로 그는 아내를 출연시켰다.

"선배님, 저는

풀처럼 살고 싶습니다!"

자신을 풀처럼 낮출 수 있는 능력이야말로

그의 채널이 떡상을 할 수 있었던 비결이다. 😀

유튜브 수입 월급보다
10배 많아도 회사 다니는 이유
★ JM, "영원한 사랑은 없습니다!"

아마도 불안감 때문이었던 것 같다.

구독자 33만 명 유튜버 JM이

회사를 그만두지 않은 것은.

처음 그를 만났을 때 당. 연. 히.

전업 유튜버일 거라 생각했다.

(그를 만나기 위해 일본 도쿄까지 날아갔다 옴)

그는 "멀쩡하게 직장생활 잘하고 있는 직장인"

이라고 자신을 소개했다.

"헉…… 정말요? 프리랜서 이런 거 아니고요?"

믿기지 않는다는 말에

그는 다시 한 번 강조했다.

"정시 출근해서 정시 퇴근하는

정규직 직장인 맞습니다."

영하 40도,
물을 뿌려보았다

JM, 조회 수 98만 회

9350602

"회사에 가면 회사 일에만 집중하고,
집에 오면 유튜브만 하니까 회사 일 생각은 안 해요."

아침 9시 출근해서 저녁 6시 퇴근하는 직장인이
어. 떻. 게.

매일 영상을 올리는

1일 1영상을 하고 있지?

정말 놀라울 따름이었다. 👍🏻

(그로부터 한 달 뒤 그는 1일 1영상을 중단한다고 알림)

게다가 그의 유튜브 수입은

현재 월급의 10배가 넘는다고 했다.

이 정도면 분명 전업 유튜버로 나설 만한데……

그는 그럴 생각이 없어 보였다.

집요하게 이유를 캐물었다.

"직장생활을 하면서 유튜브를 하는 게

몸은 힘들긴 하지만

정신적으로는 도움이 되기도 해요!"

그는 가장 먼저 심리적인 이유를 들었다.

전업 유튜버가 되면 하루 종일,

24시간이 일하는 시간이다.

깨어 있는 모든 순간, 심지어 잠을 잘 때도

유튜브 콘텐츠 생각만 하게 된다.

하지만 회사를 다니면
회사에 있는 그 순간만큼은
일에 집중하며 유튜브 생각을 하지 않을 수 있다.
일종의 정서적인 리프레시 효과다.

우리 뇌는 하루 종일
그 생각만 한다고 해서
좋은 아이디어를 떠올리는 게 아니다.
머릿속을 비웠을 때
더 좋은 아이디어가 떠오르기도 한다.
JM은 **유튜브와 직장의 밸런스**를 강조했다.

"회사에 가면 회사 일에만 집중하고,
집에 오면 유튜브만 하니까
회사 일 생각은 안 해요."

전적으로 동감하는 바다.
나의 시간 관리 비법을 묻는다면
JM과 같은 '**스위치오프 전략**'이다.

학창 시절 내가 집중력을 높이기 위해 발견한 방법은
뇌가 집중할 수 있는 시간 단위로 쪼개
여러 과목을 돌아가면서

공부하는 것이었다.

아침 8시부터 45분간 언어영역을 공부했다면
15분 휴식 후 다시 45분간 수리영역을 공부하고
사회탐구
과학탐구
순으로
계속 로테이션하는 것이다.
이렇게 공부할 때
한 과목을 하루 종일 붙들고 있는 것보다
훨씬 더 효율이 높았다. (실제로 이런 공부법이 있다고 함)

지금도 한꺼번에 많은 일들을 동시에 하는데
기사 작성,
책 작업,
방송 원고 쓰기,
편집
등을 시간을 정해놓고 돌아가면서 한다.

책을 쓰다 보면 방송 생각을 안 하니까,
방송 머리는 쉬는 셈이고,
방송 편집을 하면 기사 생각은 안 하니까,
기사 작성 머리는 휴식을 취하는 것이다.

아. 마.…… JM이 얘기한 밸런스란
이런 의미가 아닐까 한다.
많은 유튜버들이 심리 상담을 받으며
심리적 밸런스를 유지하는데
그는 직장생활을 통해 안정감을 얻는 것이다.

유튜브 노마드족이 되고 싶어요!

그가 꿈꾸는 삶은 디지털 노마드족이다.
테니스 국제 심판인 그는 해외 출장이 잦았다.
그래서 전 세계 어디서든 일하며
돈을 벌 수 있는 **디지털 노마드족**이 되면
좋겠다는 생각을 했다.

그때 마침.
"전 세계 어디서든 유튜브로 돈을 버세요"
라는 광고 문구가 눈에 들어왔다.

그가 처음 유튜브를 시작한 것은,
세계를 누비는 디지털 노마드족이 되기 위해서였다.
실제로 그는 어느 정도 꿈을 이뤘다.
일본인 아내와 결혼을 해서 도쿄에 살고 있다.

그. 런. 데. 도. 그는

"이 사랑이 언제까지 지속될지 모른다"는 말을 했다.

많은 유튜버들이 JM 채널을 추천했고,

JM을 보고 유튜버가 됐다는

사람들도 많은데,

그런 그가 이런 불안감을 가지고 있다니!

아마도

유튜브 1세대로서

남들보다 더디게 채널을 키워오며

주변 유튜버들의 흥망성쇠를 곁에서

봤기 때문인 것 같았다.

게다가 이만큼 채널을 키워온 건

타고난 재능도 재능이지만

그 누구보다 우직한 노. 력. 덕분이다.

그는 지난 2년간

하루도 빠지지 않고 영상을 올렸다.

대부분 유튜버들은 어느 정도 채널이 크면

영상의 수를 줄이고 질을 높이는 데 집중한다.

하지만 그는 저퀄리티를 고수하며

매일 영상을 올렸다.

(사실 체력이 고갈될 법도 하다)

그러려면 저녁 6시 퇴근 후 아무것도 하지 않고

유튜브만 해야 한다.
영상 기획, 대본 쓰기, 콘티 짜기까지
아무리 빨리 해도 하루에
최소 3시간에서 최대 5시간을
꼬박 쏟아 부어야 한다.

사람이 '미친 노력'으로 평생을
살 수는 없다.
하. 지. 만.
2년간 직장생활을 하면서
1일 1영상을 실천한 JM 앞에서

**시간이 없어 유튜브를 못한다는 말은
새빨간 거짓부렁이다.**

공부법으로 뜬 의사 유튜버

★ dr토리파, "합격 메일 받는 게 가장 뿌듯했어요."

피부과 의사 dr토리파는

공부법으로 떡상을 한 최초의

전문직 유튜버다.

2018년 11월 유튜브를 처음 시작한 그는

다양한 콘텐츠를 올리다

새벽에 일어나 공부한 영상을 올렸는데

예상치 못한 폭발적 주목을 받았다.

처음 올린 '1/4/7/14 공부법'이

조회 수 43만을 기록했고

'나는 이 공부법으로 의사가 되었습니다'는

무려 123만 뷰를 찍었다.

1/4/7/14 공부법이란 그만의 공부법으로,

단기 기억을 장기 기억으로 바꾸기 위해

복습을 하는 팁이다.

이 영상에서 그는 새벽 4시에 일어나

공부를 한다.

이미 강남에 개원을 해

더 이상 공부할 필요가 없어 보이는데도

치열하게 열공하는 모습이 사람들에게 큰 자극제가 됐다.

"정말이지 생각지도 못한 반응이었어요."

"사람들이 제 아주 작은 일상에 공감한다는

사실에 놀랐죠."

(떡상 영상을 예측하긴 쉽지 않다.

큰 기대를 했던 영상이 의외로 무반응일 수 있고,

별 기대 없이 올린 영상이 대박이 나기도 한다)

떡상 이후 토리파는 **공부법**을

채널의 한 축으로 가져가기로 결심했다.

그렇게 대학 시절과 의학전문대학원(의전원) 시절 활용했던

공부법을 올리기 시작했다.

그러다 보니 1/4/7/14 공부법으로

시험에 합격했다는 구독자들의 메일을 받기도 한다.

그가 자신만의

공부법을 개발하게 된 계기는 뭘까?

원래 의과대학을 가고 싶었지만 실패하고
의전원에 가게 된 탓이 가장 크다고 털어놨다.
의대 낙방 후 의사의 꿈을 이루기 위해
대학 4년 내내 스스로를 담금질했다는 것이다.

"만약 의대에 떨어지지 않고 바로 합격했다면
지금처럼 살진 않았을 거에요."
아마도 안주하는 삶을 살았을 거라고.

그의 **매력은 반전**이다.
안정적인 생활이 보장된 의사임에도
새벽에 일어나 공부를 하고 늘 책을 읽는다.
수면 시간이 6시간 반으로 일정한 점도
새벽 공부에 적합한 체질이라고 했다.

"토리파님, 유튜브 하면서 언제 가장
보람이 있나요?"
"구독자들께서 합격 메일 보내줄 때요."

자신의 삶이 **다른 사람에게 동기 부여**를
할 수 있다면,
그게 **가장 큰 보람**이라고 했다.
토리파가 유튜브를 하는 이유는 돈 때문이 아니다.

영업을 위해 유튜브를 시작하는
전문직들이 늘고 있는데
dr토리파 채널은 이들이 벤치마킹하기에 적합하다.
전문직들이 본업을 중심으로 유튜브를 하는 것도 좋지만,
토리파처럼 공부하는 모습으로 남들에게
동기 부여를 하고 싶다는
자신의 이상을 콘텐츠로 하는 것도 한 방법이다.
오히려 전문 지식을 전달하는 것보다
훨씬 더 큰 인기를 얻을 수 있다.

"피부 관련 영상을 자주 올리지 않는데도
어떻게들 알고 찾아오세요."

그가 피부 영상 업로드를 자제하는 이유는
환자 수가 너무 많아지기 때문이다.
(다른 의사들이 들으면 배부른 소리라고 할 수 있겠지만)
심지어 그는 매일 받는 환자의 수를 제한하고 있다.

지방에서 처음 개원을 한 그는
세 번의 이전 만에 지난 4월 강남 입성에 성공했다.

이후 그는 워라밸(워크 앤드 라이프 밸런스)을
중시하고 있다고.

그. 런. 데.

인터뷰를 이어가다 보니

그가 유튜브를 하는 진짜 이유를

알 수 있을 듯했다.

그에게 유튜브란

관종끼를 마음껏 발산할 수 있는 무대다. 👍

"당연히 관종끼가 있죠!

없으면 유튜브를 할 수가 없죠.

근데 어릴 적부터 그랬어요."

그는 쿨~~하게 인정하며

지적인 매력으로 관심 받고 싶다는

욕망을 드러냈다.

"뇌가 섹시한 남자 있잖아요.

뇌섹남? 하하하." 😀

26세 9개월 만에 사법고시 패스
★ Dr. Law 이윤규 변호사의 기적의 공부법

공부에 왕도가 있을까?

성적이 원하는 만큼 잘 나오는 않는다면,

공부 머리가 없어서일까?

아니면 공부법을 몰라서일까?

나는 공부는 타고난 '공부 머리'로 해야 한다는

신념을 가지고 있다.

(공부 머리 없는 자녀한테

괜히 사교육비 처들이는 거 절대 반대!!)

그. 런. 데.

공부법 유튜버 이윤규 변호사는

머리보다 공부법이 훨씬 더 중요하다고 주장한다.

26살,
사법고시를
9개월 만에 뚫은
패턴공부법

9350602

Dr.Law 이윤규, 조회 수 51만 회

"제 공부법을
더 많은 사람들에게 전파하고 싶어요."

특히 우리나라의 암기식 시험 제도에선
머리의 차이보다는 공부 방법의 차이에 있다고
힘줘 말했다.

과. 연. 그. 럴. 까?

이 변호사는 고등학교 2학년까지
공부는 1도 하지 않고 게임만 했다.
하지만 그의 어머니는 자식에 대한 믿음을 잃지 않고
끝까지 지켜봐주셨다고 한다.
결국 그는 고3이 돼 정신을 차렸고
가까스로 부산대 법학과에 입학했다는 것이다.

하지만 대학에 갔다고 해서
그의 삶의 태도가 달라진 건 아니었다.
여전히 그는 전공 공부는 하지 않고
게임방 죽돌이생활을 했다.

"저는 발등에 불이 떨어졌다고 해서
움직이지 않습니다.
살이 타들어가는 냄새가 나야
그때서야 시동을 걸죠!"

나태하게 게임방을 전전하던 그에게
군대 입영 영장이 떨어졌다.
갑자기 머리가 쭈뼛 서고 간담이 서늘해지는
느낌을 받았다.

아……XX
이번에 사시 떨어지면 영영 끝이다……. 😭

사법고시 합격 인원은
점점 줄어드는 상황이었고,
군대 가서 2년이나 머리를 썩히고 나오면
그때는 사시로 변호사가 되는 것은
'물 건너간 일'이 될 것 같았다.

죽을힘을 다해
기필코 반. 드. 시.
사시를 패스해야 했다.
이때부터 그의 눈빛이 달라지기 시작했다.

하지만 마음을 독하게 먹은 이후에도
당장 사시 공부부터 시작하지는 않았다.
엉뚱하게도 그는 한국과 일본에서
사시를 수석 혹은 최연소로 통과한 이들의

합격 수기부터 읽기 시작했다.

그러니까 사시를 위해

암기 공부 자체를 한 것이 아니라

암기 공부를 하는 법을 공부한 것이다.

시험이 9개월도 안 남은 상황에서

시험공부가 아니라 공부법을 공부하다니

괴짜 중의 괴짜임에 분명하다.

"사람들의 평가가 극명하게 갈렸어요.

대박 아니면 쪽박일 거라고 했죠."

공부법을 공부해 시스템으로 정립하는 데

두 달 이상이 걸렸다.

그러고 나서 본격적인 암기 공부에 돌. 입. 했. 다.

결국 그의 전략은 옳았다.

26세, **사시 공부 9개월 만에 1, 2차를 잇달아 패스**

했으니 말이다. 👍

백종원의 집밥 벤치마킹하는 공부 유튜버

이 변호사는 올해 1월부터 유튜브를 시작했다.

처음에는 사시 준비생들을 대상으로 공부법 강의를 했다.

그런데 일반인들도 그의 공부법 영상을 보고

도움을 받았다는 피드백을 보내왔다.

그때부터 그는 일반인을 대상으로 한

공부법 영상을 찍어봐야겠다고 생각했다.

결정적으로 그가 떠상을 한 영상은

'패턴 공부법 | 저는 이 공부법으로 9개월 만에

사법고시에 합격할 수 있었습니다'였다.

이 영상 하나로 그는 한 달 만에

구독자 수가 3만 명으로 껑충 뛰었다.

이후 공부법 영상을 꾸준히 업로드하면서

구독자는 11만 명에 이르렀다.

"그런데 공부법

콘텐츠는 한계가 있잖아요.

화수분처럼 지속적으로

나올 수 있는 콘텐츠는 아닌 것 같아요."

"네, 맞아요. 하지만 제 공부법을 다 전달하려면

아직도 올려야 할 영상이 많아요."

이미 그의 머릿속에는

앞으로 올려야 할 영상의 목록이 들어 있다고 했다.

"한꺼번에 너무 많은 얘기를 하면

사람들이 소화를 못해요."

"아주 짧게, 한 번에 많지 않은 얘기를 해야 합니다."

그가 유튜브 영상을 만들 때 참고하는 채널은

'백종원의 쿠킹로그'다.

공부법 유튜버가 웬 요리 채널?

하지만 그는 분. 명. 히.

배울 점이 있다고 했다.

각 분야의 1등 채널만 참고해도

얻을 게 있다는 설명이다.

그가 사시 공부 전에 공부법을 공부했던 것처럼

1등의 성공 전략을 분석해 적용하는 것이다.

인터뷰를 하면서 나오는 스타일이

많이 다르다는 생각을 했다.

그의 경쟁력은

과거에 대한 철저한 분석에서 나왔다.

과거에 출제된 사시 문제를 분석함으로써

연도별로 시험에 자주 나오는 문제를 패턴화했다.

그는 스스로 예측한 그. 대. 로.

문제가 출제돼 시험장에서

흥분을 감출 수 없었다고 고백했다.

"과거를 철저히 분석하는 이유는
같은 실수를 반복하는 리스크를
줄이기 위해서입니다."

하지만 나는 처음 일을 시작할 때,
과거의 모든 패턴을
잊어버리려고 노력한다.
태초에 아무것도 없었던 것처럼…….
과거에 얽매이지 않고 새로운 시도를 하려고
모든 것을 원점에서 다시,
새하얀 스케치북에 그려나간다는
마음가짐으로 시작한다.

재테크팀장 시절,
짠돌이 짠순이 시리즈를 기획할 수 있었던 비결도
기존의 재테크 기사를 참고하지 않았기 때문이다.

갑자기 그가 유튜브를 하는 이유가 궁금해졌다.

그는 왜!! 유튜브를 할까?

"제 공부법을
더 많은 사람들에게 전파하고 싶어요."

**"공부법을 몰라서
좌절하는 사람들이 없었으면 해요."**

그가 유튜브를 하는 이유는
선한 영향력을 전파하기 위해서다.
실제로 구독자 중 한 명을 선발해 공부법을 트레이닝했고
그가 시험에 합격하는 놀라운 결과를 내기도 했다.

많은 전문직들이 영업을 위해서 유튜브를 하지만,
그는 오히려 **유튜브를 통해 들어오는
사건 의뢰는 받지 않는다**고 했다.

그가 변호사임에도
법 관련 콘텐츠를 올리지 않는 이유는
실질적인 도움이 되지 않는다고 생각해서다.

"어차피 법적인 지식이 없어서
실패하는 사람은 없다고 봅니다."
"변호사가 얼마나 의뢰인의 편에 서서
사건을 자기 일처럼 해주느냐가 관건이죠."

이 변호사처럼 순수하게 선한 영향력을 위해
유튜브를 하는 전문직군들이 더 많아졌으면 하는 바람이다.

절약 테크, 금융 투자, 부동산 투자로 채울 수 없었던 마지막 재테크 방법.
몸값 재테크의 가장 좋은 솔루션이 유튜브에 있다!

epilogue

이것은
운명!

어쩌면 운명이고,
어쩌면 정해진 길이었던 같다.
내가 지난 2년 이상 취재했던 IB 파트를 떠나
다시 재테크를 맡고 신채널구축팀으로 온 것은.

지난해 12월 나는,
기자 생활 13년 만에 최대 위기를 맞았다.
모든 상황이 내게 불리하게 돌아갔고, 사방엔 적들뿐이었다.
의지할 곳 하나 없이 홀로 선 그 기분을,
이젠 익숙해질 법도 한 그 엿 같은 기분을,
다시금 느끼게 된 것이다.

"선화야, 너 괜찮아?"
라고 묻는 선배에게

나는 이렇게 답했다.

"네, 괜찮아요!
제가 이런 경우를 자주 겪어봐서요."

앞만 보고 달렸을 뿐인데, 꼭 훼방 작업이 들어왔다.
마치 내가 잘되는 꼴은 죽어도 못 보겠다는 듯
뒷덜미를 잡고 늘어졌다.

나는 언제까지
이런 악순환을 반복해야 할까.

이젠 정말 판을 바꿔야겠다는 생각을
심. 각. 하. 게. 했다.

하지만 티는 내지 않았다.
그래봤자 달라지는 거 하나 없이,
나만 더 힘들어질 뿐이기 때문이다.
(사실 내성이 생긴 탓도 크다)
신채널구축팀으로 오기 직전의
기자생활은 그야말로 암흑기였다.
지난 12년간의 모든 삶을 통틀어
가장 우울하고

가장 좌절하고
가장 힘들었던 시기였다.
악순환이 쳇바퀴 돌듯 계속되는
이 지긋지긋한 판을 벗어날
돌파구가 필요했다.

성. 선. 화. 에게
2019년은 **'노는 판'이 바뀐 해**다.
지난 12년간의 판을 정리하고
새로운 판으로 갈아탄 원년이다.
앞으로 펼쳐질 기자생활 12년은
지금까지와는 완전히 다를 것이다.
결국 또 다른 인생의 시작인 셈이다.

스스로 새 삶을 시작하며
나는 독자들에게 유튜브 얘기를 하고 있다.
혹자들의 눈에는
재테크 전문 성선화에게
유튜브가 뜬. 금. 없. 어. 보일 수 있다.

하지만 내게 유튜브란
그동안 찾지 못했던, 꿰지 못했던
재테크 솔루션의

마지막 화룡정점이다.
지금까지 해왔던 재테크의
대미를 장식할 마지막 단추다.

절약 테크, 금융 투자, 부동산 투자가
채워줄 수 없었던
몸값 재테크의 가장 좋은 솔루션이
유튜브이기 때문이다.

유튜브 하겠다고
회사를 그만두라는 얘기가 아니다.
전업 유튜버로 나서라는 의미는 더더욱 아니다.

"몸값을 어떻게 올려야 하나요?"라는
질문의 답을 유튜브에서 찾아보라는 의미다.

올해 1월까지만 해도
'몸값 재테크'에 대한
명확한 솔루션을 줄 수 없었다.
하지만 이제는 똑 떨어지는 대답을 할 수 있다.

**"몸값을 높이려면,
퍼스널 브랜드를 만들려면**

1인 방송을 하세요."

하늘이 내게 무언가를 주지 않을 땐
분명 다른 더 좋은 것,
그리고 다른 더 좋을 길이 있기 때문이다.
최선을 다했는데도 이뤄지지 않을 땐
내 의지가 아니라 하늘의 뜻이다.

2년 전《100억 월급쟁이 부자들》을 냈을 때만 해도
내가 유튜브 책을 내게 될 줄은
꿈에도 상상하지 못했다.

우리 모두는 한 치 앞을 예측할 수 없는
급변의 세상에서 살고 있다.

솔직히 앞으로 내가
또 어떤 책을 쓰게 될지
또 어떤 모습으로 독자들을 마주할지
나도 이. 젠. 모. 르. 겠. 다.

다만 확실한 진실은
지금까지 그래왔듯 앞으로도
독하고 치열하게 고된 삶을 살아낼 것이란 점이다.

다음에 우리가
또 어떤 모습으로 다시 만날지 알 수 없지만
나는 독자들과의 재회를
미치게 설레는 마음으로 기다릴 것이다.

오늘 우리의 만남이
또 다른 내일로 이어지길
나는
지금도 기. 다. 린. 다!

친절한 성 기자가 강추하는
유튜브 채널리스트

경제/재테크

- **경제학1교시** | SBS 스브스뉴스의 경제 코너 〈돈워리스쿨〉을 진행하는 돈쌤 정현두의 공식 채널. 금융 분야 전문가로 쉬운 경제 강의로 유명하다.
- **신사임당** | 어려운 경제 이야기도 쉽게 풀어내는 것으로 잘 알려진 채널. 특히 소액으로 시작하는 창업 노하우를 전파하면서 큰 반향을 불러일으켰다.
- **전인구경제연구소** | '가장 쉬운 경제교육'을 내걸고, 주식, 부동산, 월급 사용법 등 돈에 관한 다양한 콘텐츠를 소개한다.
- **후랭이TV** | 부동산 전문 채널로, 각종 투자에 대한 이야기를 나눈다. 전문가를 초청해 인터뷰하는 방식으로 진행하는 게 특징이다.
- **강과장** | 자취하는 회사원 강과장의 아끼고 절약하는 짠돌이 일상을 가감 없이 보여주는 재테크 채널.
- **김유라TV** | 《나는 마트 대신 부동산 간다》의 저자 김유라가 운영하는 채널. 재테크 외에 아이 키우기, 절약 등 주부의 강점을 살렸다. 북 리뷰도 알차다.
- **절약하는 일상달보리** | 짠돌이 짠순이 부부의 즐겁게 절약하는 이야기. 절약 노하우, 짠테크, 가계부 쓰기, 식비 절약, 생활비 절약 등.
- **소사장소피아 SoSoTV** | 전문 분야는 재테크지만, 자기계발과 창업, 여행, 육아 등 다양한 주제로 소통하고 있는 전직 은행원이자 《은행의 사생활》 저자 박혜정 씨의 채널.
- **미역TV** | 매일 한국 증시와 세계 증시 현황을 브리핑해준다. 부자 언니 유수진 출연 영상이 재미있다. 주식, 채권, 펀드, 리츠 등 금융에 대해 알고 싶다면 추천.
- **티끌모아한솔** | 대학생, 사회 초년생, 등 젊은이들을 위한 재테크 채널. 푼돈 아끼는 법, 앱테크, 적금 들기 등 쉬운 방법부터 차근차근 알려준다.
- **[하말넘많]heavytalker** | 젊은 비혼 여성을 위한 재테크 기초. 연말정산, 세액공제, 국민연금 등 꼭 알아야 할 개념 정리와 각종 알짜 정보. 그리고 여자들만 공감할 수 있는 이야기들.

영어공부/공부법

- **공부의 신 강성태** | 영어를 비롯한 공부의 모든 것. 동기부여, 성교육 등 온갖 꿀팁이 가득하다.
- **dr토리파** | 피부과 의사가 알려주는 '의사의 공부법 & 피부 상식들'. 동기를 부여하고 자극하는 영상으로 구독자에게 긍정적 에너지를 전달하고 있다.

- **Dr.Law 이윤규 변호사** | 자신의 경험을 바탕으로 한 공부법을 주로 소개하는 채널. 성적을 올리고 싶은 수험생이나 자기계발을 목표로 하는 직장인들이 주로 찾는다.
- **BridgeTV** | 어학연수 한 번 안 한 국내파, 국제회의통역사 김태훈이 진행하는 영어교육 채널. 한국식 영어교육의 한계를 극복하기에 좋다.
- **AranTV** | 한국인이 잘 모르는 미국 문화를 알려준다. 미국식 영어의 모든 것.
- **이근철TV** | 영어 강의 30년 경력의 베테랑 이근철이 가르쳐주는 친절한 영어. 초보자에게 적합하다.
- **Racel's English** | 원어민 레이철이 미국식 영어 발음의 특징에 대해 매우 정확히 알려준다.
- **올리버쌤** | 영어 공부를 한다는 생각이 들지 않을 정도로 영어에 대해 재미있게 알려준다.

정치/시사

- **가로세로연구소** | 변호사 강용석과 기자 출신 김세의가 운영하는 보수 채널. 보수의 관점에서 정치·사회 분야 핫이슈를 다룬다.
- **딴지방송국** | '김어준의 다스뵈이다'를 업로드하는 채널. 딴지일보 김어준 총수가 진행하는 다스뵈이다는 진보의 관점에서 시사 문제를 다룬다.
- **사람사는세상노무현재단** | 노무현재단 이사장 유시민이 진행하는 '알릴레오'를 볼 수 있는 채널. 진보 지식인 유시민의 해박한 지식과 촌철살인의 입담을 들을 수 있다.

키즈/육아/교육

- **바다별에듀TV** | 엄마표 영어에 대한 궁금증에 답변을 주는 엄마표 영어 강좌. 아이와 함께 영어로 성장하고 싶은 엄마에게 추천.
- **최민준의 아들TV** | 아들 때문에 미쳐버릴 것 같은 모든 분들! 남아 미술교육 전문가 최민준이 아들 교육의 노하우를 전해준다.
- **똑게TV 김준희 smart & lazy** | 《똑게 육아》《똑게 육아 올인원》의 작가 김준희가 꿀잠 프로젝트 훈육법 등 다양한 육아법에 대해 알려준다.
- **With Kids 위드키즈** | 아이와 아빠가 함께 장난감 놀이를 하며 도전하고 경험하며, 서로 대화하고 학습하면서 같은 시간을 공유하는 재미있는 영상.

- **허팝** | 슬라임 배프 가루를 풀어서 만든 '액체괴물 수영장'이나 '방수폰 바다에 빠뜨리기' 같은 기발한 아이디어가 돋보이는 채널.
- **츄팝** | 액체괴물과 슬라임을 만드는 채널. 만들기의 다양한 매력 속으로 빠질 수 있다.
- **도티** | 한국 최초 유튜브 200만 구독자. 게임 소개 크리에이터로, 10대를 위한 새로운 놀이 문화의 창시자로 불린다.
- **지니키즈** | 아이들이 좋아하는 동요와 동화뿐 아니라 안전, 건강, 인성 발달, 직업 체험, 누리 과정 등 어린이의 창의성과 지능 계발에 도움이 되는 다양한 놀이 활동 애니메이션.
- **핑크퐁** | 전 세계 1억 5천만 어린이들의 마음을 사로잡은 핑크퐁! 유아 교육 전문가들이 자체적으로 제작한 2,300여 편의 핑크퐁 동요와 동화 영상을 볼 수 있다.
- **대치동캐슬** | 서울대+KAIST 출신 대치동 선생님의 교육 이야기. 자녀의 공부 실력 향상과 올바른 습관 형성에 도움이 되는 채널.
- **입시덕후** | 중고등학생들을 위한 입시 정보와 라이프 정보를 재미있게 가공하여 랭킹으로 알려주는 채널. 대학 · 입시 · 학원 · 인강 · 문제집 · 학용품 등 각종 학생들을 위한 정보를 다룬다.
- **영어원서 당당하게 읽기! 영서당TV** | 토익, 토플 강사로 유명한 김승규 씨가 운영하는 채널. 초등학생 영어 교육과 관련해 참고할 만한 영상이 많다.

요리/먹방

- **아내의 식탁** | 영상미가 돋보이는 채널. 레시피가 자막으로 제공돼 외국인 구독자가 많다.
- **Chef Coral 이산호** | 중국 요리 전문 채널. 집에서 할 수 있는 '아주 쉬운 중국 요리'를 가르쳐준다.
- **La Storia** | 이탈리아에 사는 한국인이 운영하는 정통 이탈리아 요리 채널.
- **꿀키** | 1세대 요리 크리에이터. 일상 요리, 드라마 영화 속 요리, 브런치, 디저트.
- **키미 Kimi** | 시골에 살면서 신선한 자연 재료로 건강한 음식을 만든다. 풍요로운 자연과 소박한 일상의 만남이 아름답게 펼쳐진다.
- **쿠킹트리** | 케이크, 마카롱, 쿠키, 파이 등 베이킹 전문 채널. 섬네일만 봐도 눈이 즐겁다.
- **승우아빠** | 전직 요리사이자 식품회사 연구원 승우 아빠의 아주 간단한 요리 레시피.
- **Happycooking120180** | 한식, 중식, 일식, 베이킹. 모든 요리법이 이곳에! 그저 레

시피만 알려주는 게 아니라 요리의 원리를 자세히 설명해주는 것이 장점이다.

- **밴쯔** | 1세대 먹방 유튜버. 구독자 수만 280만 명에 이른다.
- **구도 쉘리** | '아시겠어요?' '시간이 없어요' 등의 유행어로 인기 몰이 중이 대표 먹방 유튜버 중 1인.
- **tzuyang쯔양** | 구독자 138만 명의 대형 유튜버. 호리호리한 외모와 달리 엄청난 대식가다.
- **파뿌리** | 일상 예능 버라이어티 채널을 표방하는 먹방 채널. 평범한 세 남자가 재미있게 노는 모습을 보며 낄낄댈 수 있다.

패션/뷰티/헤어

- **PONY syndrome** | 가수 CL의 전담 메이크업 아티스트로 활동하며 유명세를 탔다. 2016년 3월에 업로드한 테일러 스위프트의 커버 메이크업이 국내외에서 많은 화제를 불러일으켰다.
- **LeoJ Makeup** | 남녀 구분 없는 젠더리스 뷰티 채널. 메이크업 아티스트 레오제이의 실용적인 뷰티 정보부터 다양한 메이크업과 리뷰.
- **RISABAE** | 천의 얼굴이라 할 만큼 다양한 인물의 커버 메이크업으로 화제를 모으고 있는 이사배의 다양한 뷰티 리뷰.
- **스타일가이드 최겨울** | 센스 있게 옷 입는 법, 패션 관련 꿀팁 등. 패션 관련 카테고리에서 늘 상위권을 차지하는 인기 채널.
- **슈스스TV** | 슈퍼스타의 스타일리스트, '슈스스'로 유명한 한혜연의 개인 채널.
- **DAISY 데이지** | 화장품 리뷰, 피부관리 꿀팁 등 뷰티 콘텐츠를 주로 방송하며, 그 외에도 다이어트와 인생 조언 등 여성을 위한 다양한 콘텐츠를 만날 수 있다.
- **김무비 KIM MOVIE** | 젊은 연령층 사이에서 인기가 높은 패션 유튜버. '여고생의 수학여행 캐리어 짐 싸기' 영상이 유명하다.
- **금강연화** | 머리 손질을 어려워하는 남자들을 위한 채널. 세련된 스타일, 유용한 연출법 등 남자들이 꼭 챙겨 봐야 할 콘텐츠를 갖췄다.
- **씬님** | 전문적인 메이크업 지식을 전달하면서도 전혀 어렵지 않고 재미있게 설명하는 것으로 유명하다.
- **UNA 유나TV** | 다양한 뷰티 콘텐츠를 방송하지만, 특히 기초 스킨케어 관련 꿀팁 등 실용적인 내용이 많아서 도움이 많이 된다.
- **함경식** | 메이크업아티스트 함경식이 운영하는 채널로, 메이크업에 관한 소소한 팁

들을 얻기에 좋다.

- **디렉터파이** | 뷰티 디렉터 피현정의 뷰티 멘토링을 받을 수 있는 채널. 피부와 헤어 제품 리뷰부터 효과적인 관리법까지 다양한 정보를 제공받을 수 있다.

여행/취미/책

- **원지의 하루** | 유명 관광지만 짧게 둘러보는 게 아니라 한 곳에 오래 머물기 좋아하는 유튜버 원지의 삶 같은 여행.
- **여행자 메이** | 사막과 산, 바다를 사랑하는 여행자 MAY의 감성 여행과 현실 라이프 영상을 담았다.
- **빡시게 세계여행 빠니보틀** | 한국어가 통하지 않는 외국에서 해외여행의 현실을 적나라하게 보여주는 '걸어서 세계 속으로' 현실판.
- **설채현의 DOG설TV** | 반려견 행동 전문 수의사가 강아지에 관한 모든 궁금증을 솔직하고 독하게 해결해준다.
- **강형욱의 보듬TV** | EBS 〈세상에 나쁜 개는 없다〉로 유명한 강형욱 훈련사의 즐겁고 유익한 반려견 키우기.
- **김부타야옹** | 상처 입고 병든 동물을 구조하고 길고양이들을 돌보는 캣맘의 일상 이야기.
- **편집하는여자** | 누구나 영상을 더 쉽고 예쁘게 편집할 수 있도록 가르쳐주는 채널.
- **비됴클래스** | 영상 편집 및 촬영, 제작에 관련된 모든 것을 쉽고 재미있게 다루는 채널로 유명하다. 특히 프리미어 프로와 애프터 이펙트를 배울 수 있다.
- **샤이니(석우당아카데미)** | 사주 채널로, 사주의 4개 기둥을 한꺼번에 해석하는 게 아니라 20년씩 나눠 시간의 흐름으로 해석하는 게 특징이다.
- **정동찬** | 사주를 기초부터 개념을 잡아가며 배우기에 좋은 채널이다. 젊은 감각으로 사주를 풀이한다.
- **이규호사주TV** | 쉬운 사주 풀이. 특히 유명인 사주가 궁금할 때 보기 좋은 채널이다.
- **선운TV** | 월운이 궁금할 때 참고하면 좋은 사주 채널. 해당 달의 운세를 읽기에 좋다
- **미르코의 생존연애TV** | 연애 전문 심리상담가가 진행하는 연애튜브로, 다양한 사례와 사연을 들어가며 상담을 해준다.
- **강탱의 이야기** | 1020대들이 주구독 층인 연애튜브. 연애 경험이 적은 젊은 층을 위해 나쁜 연애와 바람둥이 연인 감별법 등을 조언해준다.
- **김달** | 최근 떠오르는 연애튜브 중 한 사람으로, 주 시청층은 10~20대 여성. 연애에

관한 다양한 소재들로 흥미로운 이야기를 풀어낸다.

- **MKTV김미경TV** | 베스트셀러 저자이자 명강사 김미경이 운영하는 채널로, 〈김미경의 북드라마〉 카테고리에서는 독자의 인생을 바꿀 책들을 선별하고 추천하고 저자를 초청해 인터뷰하기도 한다.
- **김새해SaehaeKim** | 약 17만 명의 구독자를 보유한 대표적인 북튜버 중 한 명으로, 구독자에게 희망과 용기를 줄 수 있는 메시지를 전하고 있다.
- **겨울서점** | 최근 구독자가 많이 늘어난 떠오르는 북튜버. 책을 리뷰하고 서점 굿즈도 소개한다.

문화/교양

- **또모 TOWMOO** | 클래식 피아노를 전공하는 음대생 유튜버. 음대 입시생들이 궁금해하는 질문, 피아노 전공생들의 인생곡 등 다양한 정보와 풍성한 재미를 선사한다.
- **JFlaMusic** | 음악 커버 영상의 1인자라고 할 수 있는 제이플라의 채널. 주로 팝 장르의 기존 곡들을 커버해 부른 영상을 업로드한다. 한국인 개인 채널로는 최초로 천만 구독자를 달성했다.
- **때껄룩 TAKE A LOOK** | 새로운 노래, 여러 장르의 음악을 접하고 싶을 때 찾으면 좋은 채널. '어스름한 새벽에 침대 속에서 듣기 좋은 팝송 모음', '당장 짐 싸서 놀러가고 싶은 팝송 모음' 등의 플레이 리스트를 들을 수 있다.
- **맬러리뮤직** | 명화와 함께 듣는 음악. 그림과 잘 어울리는 팝 음악들을 소개해준다.
- **SBS KPOP CLASSIC** | '온라인 탑골공원'이라고 불리는 채널로 최근 핫하다. 1990년 후반에서 2000년대 초반의 sbs 〈인기가요〉를 24시간 볼 수 있다.
- **과학쿠키** | 간단한 원리부터 복잡한 이론까지 과학을 쉽게 배울 수 있다.
- **라온** | 구독자 235만을 자랑하는 커버송의 최강자.
- **TED** | 전 세계 다양한 인사의 강연을 들을 수 있다.
- **Fingerprint** | 미술의 역사, 용어 등 미술에 관한 모든 것.
- **백수공방** | 구독자 35만 명의 영화 전문 비평 채널.

예능

- **양팡 YangPang** | 시트콤, 댄스커버, 리액션, 먹방, 뷰티 등을 아우르는 종합예능.

- **임다TV** | 〈아재개그로 도장 깨기〉, 〈아재개그로 여성의 마음을 사로잡는 법〉 같은 영상으로 폭발적인 반응을 얻고 있는 1인 방송진행자 강기정 MC 채널.
- **박막례 할머니** | 요리부터 메이크업, 드라마 리뷰까지. 박막례 할머니의 일상과 인생철학.
- **워크맨-Workman** | 프리랜서 아나운서 장성규가 다양한 노동현장에 투입돼 일하며 벌어지는 에피소드를 B급 유머로 풀어낸 JTBC 디지털 스튜디오 룰루랄라의 웹 예능.
- **와썹맨-Wassup Man** | 그룹 지오디의 박준형이 특정 장소를 찾아가 특유의 친화력과 솔직한 입담으로 웃음을 선사하는, JTBC 디지털 스튜디오 룰루랄라의 웹 예능.
- **띠미 ddimmi** | 리뷰, 먹방, 뷰티, ASMR까지, 다양한 예능 콘텐츠로 특히 10~20대에게 큰 인기를 얻고 있는 채널.
- **JM** | 일본에 거주 중인 직장인 유튜버로, 제품 리뷰, 문화 리뷰 등 다양한 콘텐츠를 코믹하게 소개한다.

건강/운동

- **땅끄부부** | 구독자 약 165만 명인 대표적인 운동 유튜브 채널. 운동을 사랑하는 부부가 집에서 누구나 쉽게 따라할 수 있는 운동법을 소개한다.
- **운지기TV** | 트레이너가 아니더라도, 트레이너에게 따로 훈련을 받지 않더라도, 누구나 몸짱이 될 수 있다는 것을 몸소 실천해 보여주는 직장인 운동 유튜버의 채널.
- **제이제이살롱드핏** | 여성들의 건강과 몸매 만들기를 위한 체계적인 운동법과 라이프스타일에 대한 정보를 얻을 수 있다.
- **닥터프렌즈** | 의학상담 채널. 세 명의 의사들이 유익한 의학 정보들을 쉽고 재미있게 전달한다.
- **미서원 SomiFit** | 운동, 건강, 뷰티골반 교정 척추 교정 방법 등을 소개한다.
- **엄마TV** | 다이어트 댄스와 집에서 하는 쉬운 운동 등 고통스럽지 않게 운동하는 법을 알려준다.
- **요가소년** | 집에서 쉽게 할 수 있는 요가를 알려준다. '누구나 쉽게 따라할 수 있는 홈요가' '목, 어깨 통증 완화를 위한 요가' 등이 조회 수가 높다.

일상

- **KINBYUN킴변** | 변호사의 일상을 담은 유튜브로, 자극적이지 않으면서도 다양한 소재의 콘텐츠로 사랑받고 있다.
- **슛뚜Ssueddu** | 일상을 특별한 감성으로 영화처럼 기록하고 편집해서 주목받고 있는 유튜브.
- **밍찌채널** | 대학생 유튜브 채널로, 자신이 공부하는 소리를 담은 '10시간 밤샘 벼락치기' 영상으로 유명하다.

게임

- **대도서관** | 개인 방송 시장을 개척하고 발전시킨 1인자로 손꼽히는 대도서관의 게임 방송 전문 채널.
- **김재원의 즐거운 게임 세상** | 한국 게임 유튜버 가운데 소득이 가장 높다고 알려져 있는 오버워치 채널. 플레이 실력이 우수하다.
- **잠뜰TV** | '잠자는 뜰기' 박슬기가 운영한다. 고등학생 때부터 5년간 운영해오는 동안 구독자 수가 178만 명으로 늘었다. 마인크래프트를 중심으로 배틀그라운드 등 모바일 게임을 플레이한다. 요일별로 콘텐츠가 다르다.
- **테드TV** | 모바일 게임 전문 채널. 러시워즈, 브롤스타즈 등 슈퍼셀에서 출시한 게임 중심으로 업로드된다. 신작 모바일 게임을 빠르게 접할 수 있어서 좋다.
- **풍월량** | 게임 전문 스트리머. 최신 게임은 물론, 인디 게임, 모바일 게임까지 다양한 장르의 게임 실황을 볼 수 있다. 재치 있는 입담과 성실함이 무기.

공공기관

- **충주시** | 공무원 김선태 주무관이 운영하는 충주시 공식 채널. 관료 사회의 위계를 깨고 '시장님이 시켰어요!!! 충주 공무원 VLOG' 등의 신선한 콘텐츠로 인기 몰이하고 있다.
- **대구광역시** | '정책 홍보'와 '직원 참여'라는 정체성을 기반으로 다양한 콘텐츠 선보이고 있는 대구광역시 공식 채널.

친절한 성 기자의
유튜브 재테크

제1판 1쇄 인쇄 | 2019년 10월 4일
제1판 1쇄 발행 | 2019년 10월 22일

지은이 | 성선화
펴낸이 | 한경준
펴낸곳 | 한국경제신문 한경BP
책임편집 | 윤효진
저작권 | 백상아
홍보 | 서은실 · 이여진 · 조혜림
마케팅 | 배한일 · 김규형
디자인 | 지소영
본문디자인 | 디자인 현

주소 | 서울특별시 중구 청파로 463
기획출판팀 | 02-3604-553~6
영업마케팅팀 | 02-3604-595, 583   FAX | 02-3604-599
H | http://bp.hankyung.com   E | bp@hankyung.com
F | www.facebook.com/hankyungbp
등록 | 제 2-315(1967. 5. 15)

ISBN 978-89-475-4516-7 03320